上海智库报告

SHANGHAI ZHIKU BAOGAO

开放新高地

上海自贸试验区提升战略

杨连星 / 著

上海人民出版社

出 版 说 明

　　智力资源是一个国家、一个民族最宝贵的资源。中国特色新型智库是智力资源的重要聚集地，在坚持和完善中国特色社会主义制度、全面推进中国式现代化过程中具有重要支撑作用。党的十八大以来，习近平总书记高度重视中国特色新型智库建设，多次发表重要讲话、作出重要指示、提出明确要求，强调把中国特色新型智库建设作为一项重大而紧迫的任务切实抓好。在习近平总书记亲自擘画下，中国特色新型智库的顶层设计逐步完善，智库建设迈入高质量发展的新阶段。

　　上海是哲学社会科学研究的学术重镇，也是国内决策咨询研究力量最强的地区之一，在新型智库建设方面一向走在全国前列。近年来，在市委和市政府的正确领导下，全市新型智库坚持"立足上海、服务全国、面向全球"的定位，主动对接中央和市委重大决策需求，积极开展重大战略问题研究，有力服务国家战略，有效助推上海发展。目前，全市拥有上海社会科学院、复旦大学中国研究院等2家国家高端智库建设试点单位，上海全球城市研究院、上海国际问题研究院等16家重点智库和10家重点培育智库，初步形成以国家高端智库为引领，市级重点智库为支撑，其他智库为补充，结构合理、分工明确的新型智库建设布局体系。

  "上海智库报告"是市社科规划办在统筹推进全市新型智库建设的过程中，集全市之力，共同打造的上海新型智库建设品牌。报告主要来自市社科规划办面向全市公开遴选的优秀智库研究成果，每年推出一辑。入选成果要求紧扣国家战略和市委市政府中心工作，主题鲜明、分析深刻、逻辑严密，具有较高的理论说服力、实践指导作用和决策参考价值。"上海智库报告"既是上海推进新型智库建设的重要举措，也是对全市智库优秀研究成果进行表彰的重要形式，代表上海新型智库研究的最高水平。

  2023年度"上海智库报告"深入学习贯彻落实党的二十大精神，紧密结合主题教育和十二届市委三次全会精神，聚焦上海强化"四大功能"、深化"五个中心"建设的一系列重大命题，突出强调以落实国家战略为牵引、以服务上海深化高水平改革开放推动高质量发展为基本导向，更加注重报告内容的整体性、战略性和前瞻性，引导全市新型智库为上海继续当好全国改革开放排头兵、创新发展先行者，加快建设具有世界影响力的社会主义现代化国际大都市，奋力谱写中国式现代化的新篇章提供智力支撑。

上海市哲学社会科学规划办公室

2023 年 9 月

目　录

图表目录

前　言

　　党的二十大报告指出，"坚持高水平对外开放，加快构建以国内大循环为主体、国内国际双循环相互促进的新发展格局"。在国际国内复杂的新形势下，上海作为国内大循环的中心节点和国内国际双循环的战略链接、全国实施高水平对外开放的桥头堡与试验田，对探索如何构建"更高水平对外开放型经济新体制"，更大力度推进全方位高水平对外开放，具有十分重要的研究价值。

　　本书系统梳理上海高水平对外开放特征，从当前对外开放的重点领域、主要问题与优化路径着手，立足上海自贸区提升战略的实施，全面构建更高站位推进高水平制度型开放的主要实现路径与优化对策。

　　上海高水平对外开放呈现多领域深层次开放特征。上海国际贸易规模快速扩大，数字贸易促进作用日益凸显。上海国际贸易结构趋于优化，国际贸易中心能级提升显著。外资企业吸引力逐渐增强，投资增幅呈现波动上升趋势。上海制度型开放水平显著提升，人民币国际化进程加快。但是上海高水平对外开放仍面临多层问题。对外贸易结构有待优化，数字贸易发展不平衡。高质量外资和高能级跨国公司总部仍然存在提升空间，跨国公司总部和外资研发中心对上海外资拉动力亟待提升。人民币国际化需要加快推进，自贸区"先行先试"仍存不足，制度型开放的拉动作用需要进一步发挥。

　　由此，更高站位推进高水平制度型开放，上海高水平对外开放亟待多重发力。要注重发展数字贸易，推进国际贸易中心能级提升。发挥外资在科创中心建设中的作用，培育本土跨国公司总部。加快推进资本市场开放，着力打造具有全球影响力的人民币金融资产配置中心。以上海自贸区为抓手，打造与国际规则对接的知识产权保护高地。

第一章
导论

第一节　自贸区提升战略与高水平对外开放

一、高水平对外开放筑牢中国经济稳增长

推进新时代高水平对外开放，筑牢中国经济稳增长的坚实基础。党的二十大报告指出，推进高水平对外开放，稳步扩大规则、规制、管理、标准等制度型开放。以中国新发展为世界提供新机遇，将成为驱动中国高质量发展的重要动力。积极主动的开放战略是中国经济发展的重要基石。党的十八大以来，我国实行更加积极主动的开放战略，形成更大范围、更宽领域、更深层次的对外开放格局。中央经济工作会议指出，要更大力度推动外贸稳规模、优结构，更大力度促进外资稳存量、扩增量，培育国际经贸合作新增长点。近十年经济年均增长率达到 6.6%，对世界经济增长平均贡献率超过 30%。2017 年起，我国货物贸易总额连续五年保持全球第一，2022 年前 8 个月中国与

《区域全面经济伙伴关系协定》（RCEP）成员国贸易额达人民币 8.32
万亿元。

　　推进高水平对外开放，成为中国高质量发展的必由之路。2022
年 7 月，习近平总书记在中央全面深化改革委员会第二十次会议上指
出，要围绕实行高水平对外开放，充分运用国际国内两个市场、两种
资源，对标高标准国际经贸规则，积极推动制度创新，以更大力度谋
划和推进自由贸易试验区[1] 高质量发展。推动共享中国大市场机遇、
制度型开放机遇以及深化国际合作机遇，加速推动开放型世界经济建
设。中国新发展为世界提供新机遇，共同协调国际宏观经济政策，共
同营造有利于发展的国际环境，共同培育全球发展新动能。妥善处理
好中欧关系，发挥好各种传统对话机制的作用，推进中德、中英、中
法财经对话，促进双边经贸合作，共同开发第三方市场，加快培育国
际竞争新优势，积极参与国际经济合作。在现有体系框架的基础上，
搭建"一带一路"多边合作平台，助推区域一体化。高水平对外开放
是高质量发展的重要路径和组成部分，推进高水平对外开放，要全面
提升贸易投资合作质量和水平，更好统筹国内循环和国际循环，着眼
构建新发展格局，提升国际循环质量和水平。中央经济工作会议指
出，要坚定不移深化改革扩大开放，不断增强经济社会发展的动力和
活力，要更好统筹供给侧结构性改革和扩大内需，通过高质量供给创
造有效需求，夯实高质量发展的基础动力。

　　经济高质量发展取得新突破，亟待形成更高水平对外开放型经济
新体制。党的二十大报告指出："必须完整、准确、全面贯彻新发展

---

[1]　自由贸易试验区（FTZ）简称自贸区，本书上述概念通用。

理念，坚持社会主义市场经济改革方向，坚持高水平对外开放，加快构建以国内大循环为主体、国内国际双循环相互促进的新发展格局。"全球化正在经历意义深远的结构性转变，竞争环境正在向有利于发达经济体的方向倾斜，因而也更为迫切地需要中国作为推进全球化的主要力量，坚持互利共赢，反对"零和博弈"，通过践行共商共建共享的全球治理观，建设共同繁荣的国际经济秩序。中国始终是经济全球化的支持者和推动者，坚定不移奉行互利共赢的开放战略，致力于构建高质量国际经济治理体系，推动贸易和投资自由化便利化，推进双边、区域和多边合作。中国持续加快推动《全面与进步跨太平洋伙伴关系协定》（CPTPP）实质性谈判，以海南自由贸易港等建设为抓手，制定新版自贸区负面清单。同时积极深化亚太经合组织框架内合作，推进亚太自贸区进程，全面深入参与世贸组织改革，推动《区域全面经济伙伴关系协定》《全面与进步跨太平洋伙伴关系协定》《数字经济伙伴关系协定》相互衔接，推进构建面向全球更高标准的自贸区。

在对外开放中，深化改革成为高质量发展的持续动力。当前全球经济形势衰退风险持续攀升，中国经济稳增长目标面临严峻挑战。在地缘冲突、供应链危机等多重挑战下，全球滞胀与经济下行并存、通胀压力持续走高，产业链和货币体系重构加快，国际经贸呈现区域化趋势。联合国 2022 年 5 月发布《2022 年世界经济形势与展望》，将 2023 年全球经济增长预期由 4% 大幅下调至 3.1%，预计全球国家通胀将达到 8.5%。亚太经合组织 11 月份预测 2023 年全球经济增速仅为 2.2%。世界经济发展的不确定性加剧了国内预期转弱的趋势，输入型通胀压力、人民币汇率与金融市场波动、产业链供应链不稳定性持续增加，中国经济稳增长遇到的供给冲击、需求收缩、预期转弱三重压力持续上升。2022 年上半年，全国社会消费品零售总额同比下降 0.7%，二季度社会消费品零售总额同比下降 4.6%。

高水平对外开放需要防范一系列经济风险，以高质量发展夯实中国经济稳增长的内在动力。一是加大跨周期政策协调，高度关注外部通胀风险对金融体系的冲击，强化跨境资本流动的监测预警，宏观调控要更加注重结构性。二是全面推动实施创新驱动发展战略，加快产业技术创新，致力于培育新经济、新业态、新商业模式，坚持绿色低碳发展，拓展绿色产业和绿色金融，用高新技术和先进适用技术改造提升传统产业，重视平衡新能源与传统能源之间的关系，确保能源安全和供应链稳定。三是优化外向型营商环境，加强对企业应对国际政治经济形势变化的政策指导。增强国内大循环内生动力和可靠性，多措并举保障产业链供应链稳定。鼓励跨国企业合作，增强对全球优质要素资源的吸引力。清理面向外资企业的歧视性政策，促进市场公平竞争。

"站在新的历史起点，中国开放的大门只会越开越大。"面对全球复杂的经济局势，中国将以更积极主动的姿态加强对外合作，同世界各国互利共赢，推进高水平对外开放，筑牢中国经济稳增长基石，推动建设开放型世界经济。

二、自贸区提升战略对上海高水平对外开放的影响机理

党的二十大报告指出，"实施自由贸易试验区提升战略，扩大面向全球的高标准自由贸易区网络"，"推进高水平对外开放"。百年未有之大变局下外部经济环境的不确定性提升，积极推动自贸区提升战

略，对实现区域经济一体化、重构国际贸易规则、重塑世界经济格局起到关键作用。作为 WTO 认可的互惠性优惠协定，区域自由贸易协定（FTA）与自由贸易试验区已成为双边及区域多边合作的主要共识和潮流，并且呈现典型的异质性深化趋势。

在国际国内复杂的新形势下，上海作为国内大循环的中心节点和国内国际双循环的战略链接、全国实施高水平对外开放的桥头堡与试验田，研究如何全面推进实施自贸区提升战略，探索构建"更高水平对外开放型经济新体制"，对更大力度推进全方位高水平对外开放，具有十分重要的研究价值。

（一）自贸区提升战略推动高水平对外开放

自贸区提升战略促进双循环及新发展格局的构建。习近平总书记在 2022 年亚太经合组织第二十九次领导人非正式会议指出，中国将坚持实施更大范围、更宽领域、更深层次对外开放，坚持走中国式现代化道路，建设更高水平开放型经济新体制，继续同世界特别是亚太分享中国发展的机遇。上海自贸区的建立已成为中国对外开放的新窗口，同时加强了上海与全球投资者的联系。上海自贸区不仅拥有便利、高效的投资通道和投资环境，而且拥有成熟的金融体系和高效的物流管理系统，可以极大地提高国内外企业的合作水平和效率，推动了上海市成为国际金融中心和航运中心的进程。上海自贸区的建立优化了金融和航运领域的管理和监管，并扩大了金融和航运市场。同时，自贸区设立了自由贸易账户、跨境资金流动机制、国际结算平台等多项举措，为金融和航运发展提供了诸多实际便利，扩大了上海市在国际金融和航运领域的影响力。

自贸区提升战略促进国际贸易转型升级，提升国际竞争力。习近平总书记在第四届中国国际进口博览会开幕式上指出，中国将在自由贸易试验区和海南自由贸易港做好压力测试，出台自由贸易试验区跨境服务贸易负面清单。上海自贸区大力推进了自贸区建设，加速吸引外国投资和促进贸易自由化的进程。自贸区取消了境内外汇管制，实行了贸易自由、人民币跨境使用等政策，提高了金融以及贸易自由化水平。一系列制度型开放措施，大大提高贸易便利的程度和效率，极大推动进出口贸易的发展。在自贸区的发展中，贸易工作逐渐向着简易化的方向发展，省去中间环节在一定程度上可以降低贸易交易过程中的成本，获取直接的经济效益。上海自贸区的建立和深化的演变过程推进了市场经济化和便利化进程，加速了上海市的产业升级。通过自贸区的建设，实现了对外资企业的服务和扶持，为投资方提供了更加便利且高质的服务。与此同时，自贸区的税收优惠政策及资金支持政策推动了企业的发展，并且通过人才引进等政策，提高了上海市的创新水平，提升了国际竞争力。

（二）自贸区重点领域深化发展推动制度型开放

上海自贸区重点领域制度创新，推动形成一批高水平制度创新成果。十年来，上海自贸区在投资和贸易自由化便利化、金融服务实体经济、政府职能转变等领域进行了有效探索，推出了一批高水平制度创新成果，建成了一批世界领先的产业集群，向世界亮明了"中国开放的大门只会越来越大"的鲜明态度。上海自贸区在重点领域实施制度创新，包括数字贸易、金融开放、科技创新与投资等，形成了自贸、监管、税收和金融等多个方面的改革试点示范，推动上海打造高水平对外开放高地。尤其是自贸区提升战略的深入实施，有利于对标高标准国际经贸规则，在国际竞争中提升企业核心竞争力，充分运用国际国内两个市场、两种资源，在开放合作中实现经济"质升量增"。

1. 自贸区重点领域形成一系列制度创新深化成果

上海自贸区数字贸易领域的制度创新，聚焦跨境电商、商事制度、海关通关等方面，致力于打造"数字贸易国际枢纽港"。在跨境电商方面，发展跨境数字贸易，鼓励设立国际配送平台。在商事制度方面，采用单一窗口"一口式"办理。在海关通关改革方面，提升企业通关效率。在检验检疫改革方面，上海自贸区创新"采信第三方"。在金融开放领域，上海自贸区金融领域制度创新，主要形成"1+4"体系。"1"是创新有利于风险管理的账户体系，"4"是指探索投融资汇兑便利、扩大人民币跨境使用、稳步推进利率市场化与深化外汇管理改革，并适用目前现行有效的自贸区负面清单，由 37 条减至 30 条。在科技创新领域，上海自贸区科技创新领域制度创新以制度创新和金融改革来力促贸易的便利化，进而提升企业创新驱动力。针对科技创新人员从业自由，推动实施多项吸引海内外人才的大力举措，针对科技创新基础设施实施一系列税收优惠。

上海自贸区实施负面清单制度、人民币国际化等措施，推动跨境资本自由流动。一方面，自贸区实行外商直接投资准入前国民待遇加负面清单管理模式。上海自贸区外商准入的管理措施在全国具有示范意义，为外资在更多领域提供了自由权。另一方面，上海自贸区投资领域在外资注册、服务平台和货币兑换等方面进行了制度深化创新。在环境领域，上海自贸区创新改革措施侧重六大方面，包括实施源头减量、实行两证合一、优化环评管理、提升政府服务、加大环境基建、强化环保监管共六大类 11 项措施，为自贸区的高质量发展服务。自贸区的实施方案和立法均明确提出了生态环境要求，在环境领域的制度创新主要包括加快绿色发展布局、推动生态环境管理制度改革创新、健全生态产品价值实现机制和加强生态环境科技创新应用四个方面。

2. 自贸区重点领域条款深化推动高水平对外开放

自贸区数字贸易规则深化，提升了数字贸易的便利化与透明度，促进了数字贸易跨境自由流动。自贸区数字贸易规则四大类型，包括电子商务条款类型、数据流动条款类型、服务章节中的数据条款类型及数字知识产权条款类型。对于电子商务条款而言，自贸区提升深化涵盖数字贸易流程简化、电子发布、电子传输、电子认证等条款，极大地促进了数字贸易的便利化。对于数据流动条款而言，自贸区深化推动数据本地化和跨境自由流动，提升了数据的开放性。对于服务章节中的数据条款而言，服务条款深化扩展了数字贸易国民待遇应用范围，有助于服务业通过数字交付、互联共享等。对于数字知识产权条款而言，合理的知识产权适度开放和公平性保护政策，促进了出口国产生市场扩张效应进而促进了数字贸易出口。

自贸区创新条款深化推动创新要素集聚，推动科技自强自立战略实施。自贸区提升战略中创新要素跨境流动条款类型，主要涵盖创新要素技术转让、技术合作、研发与创新、知识产权保护四大类。创新技术转移条款深化，包括技术转让和技术合作两大条款类型，技术转让条款深化促进新设备或硬件跨境流动，包括维护设备的专门知识和经验的流动。技术合作条款深化，促进双边技术学习、理解和复制，带动双边技术选择以适应本国条件并提升本国技术吸收的能力，以及跨国公司的内部技术转移（Hedger et al.，2000），尤其是技术合作条款深化增加了关于人员流动的条款，[1]如《签证与庇护》章节中，存在大量创新人员流动的规定，极大促进了创新要素的跨境转移。研发与创新条款的深化，直接带动创新资本和创新技术的转移，尤其能够促进创新资本自由流动（Urban et al.，2015），与研发创新要素流动直接相关的条款深化，能够加强双边或多边国家关于此要素的交流，促进要素的跨境流动。知识产权保护条款类型的深化，能够提升协议签订国国内的知识产权保护制度和执法制度，保护创新要素所有者利益，保障创新要素流入后获得较高收益，促进最先进技术的转让和技术合作。知识产权制度的变化影响着创新的回报，进而直接影响创新要素跨境流动（Maskus，1998；Campi and Dueñas，2019）。强大的知识产权保护，会使创新要素跨境流动具有制度保障，企业可以更加放心地转移创新技术、研发资金，从而加强技术溢出效应，吸引创新要素的流入。同时由于加强了知识产权的保护力度，创新要素流入国的知识产权保护程度较高，也能保障创新要素流入后获得较高收益。

自贸区投资负面清单的完善，推动高质量对外直接投资。投资条款深化降低市场准入和投资模式的限制门槛，尤其对于企业投资后的待遇、资产收益汇出、免于被征收和国有化以及损失赔偿等方面，提供了边境内投资每一环节的保护，有效保护东道国的各种资产和收益，降低了企业投资的风险和成本。《市场准入负面清单》持续缩减，主要涵盖投资促进、投资自由化、投资保护、投资便利化。投资条款

---

[1]　如2020年签订的RECP第九章《自然人临时移动》为促进各类贸易投资活动，各方承诺对于区域内各国的投资者、公司内部流动人员、合同服务提供者、随行配偶及家属等各类商业人员，在符合条件的情况下，可获得一定居留期限，享受签证便利。

领域的深化拓展，促进了投资边境内规则的协调与统一，对投资自由化、投资保护形成有力的保障。其中，投资促进包括投资环境与投资服务，为投资者在领土内投资创造有利的环境，并可能提供设立、清算、投资促进方面的咨询服务。投资促进通过影响政府外资政策与相关法规的制订与修正、针对特定目标进行投资促进活动、提供顾问咨询服务等，极大提升了投资规模。投资便利规则旨在提升投资措施的透明度和可预测性，行政程序和要求的精简和加快、国际合作和发展以及有效的投资便利化规则，都可以带来更好的政策环境、更低的进入壁垒和更高的行政效率。投资便利化规则可以成为对外国投资者的一种强有力的激励，就投资便利化事宜展开国际合作以及争端解决机制完善，同时也不会给东道国政府带来重大的财政负担。

自贸区环境条款深化，促进贸易与环境的共同发展。自贸区环境条款主要包括概括性条款、实体性条款和程序性条款，环境条款对所做出的承诺进行了明确具体的规定，对违背该承诺的协议国规定具体的惩罚措施，并有相应的争端解决机制对其进行约束。概括性条款，如环境法和动植物卫生检疫，包括环境目标、环境和贸易／投资目标平衡、执行机制、外部援助、一般环境保护区域、MEA 合规、参与促进环境目标等，旨在强调缔约国环境权，从国际法条款层面，对环境保护形成强约束。实体性条款，包括公共采购非歧视待遇、国有企业、投资社会和监管目标等，通过突出与多边环境协定相关的义务和承诺，缔约方确认其履行的多边环境协定的承诺，相关协定条款具备了强制执行力，促进缔约国集体行动向低排放经济转变，在能源效率、低排放技术、替代性清洁和可再生能源开发等方面分享信息和经验。程序性条款包括私营部门参与、磋商机制、争端解决机制等，利用现有的或建立新的咨询机制，就环境议题实施问题进行交流，再请求磋商或者设立专家组审理争端，通过贸易制裁措施保证协定义务得以履行，形成对环境保护条款实施的强有力保障。

第二节 自贸区推动上海高水平对外开放理论框架

一、理论研究框架

立足上海高水平对外开放的事实特征，聚焦"自贸区提升战略推进高水平对外开放"，针对自贸区提升定量与文本量化研究不足的问题，本书全面阐释自贸区提升深化对上海高水平对外开放的多重复杂影响。

（一）归纳总结全球典型自贸区代表性模式和制度特征

自由贸易协定与自由贸易试验区在推动贸易和投资自由化便利化等方面的作用趋同，但自贸区是我国扩大对外自由贸易谈判的试验田。本书聚焦 FTZ 提升的量化研究，全面梳理全球典型自贸区的变化特征与趋势，归纳提炼现有自贸区代表性文本的典型特征。

首先，基于全面推进高水平对外开放背景，厘清阐释当前全球自贸区开放的议题分歧，归纳总结各国典型自贸区规则的话语权特征、主要主导力量与模式。其次，提炼总结典型成熟自贸区规则的代表性文本的主要特征，为自贸区提升深化条款定量分析提供大样本证据。以当前全球典型 FTA 代表性文本为样本，包括《区域全面经济伙伴关系协定》《全面与进步跨太平洋伙伴关系协定》《美墨加协定》（USMCA）、《数字经济伙伴关系协定》（DEPA）等，聚焦高水平对外开放重点突破领域，包括数字贸易、对外直接投资、外商直接投资、研发创新、金融科技等方面，从跨境数据流动自由化、贸易便利化、知识产权保护和数字产品或服务税收等方面，比较典型 FTA 与代表性自贸区特征的异同，进而与中国 FTA 规则文本进行对比分析（见表1），为 FTZ 深化促进高水平对外开放规则发展提供全面的经验证据。

表1　中国协定层面水平深度

协定名称	签订年份	生效年份	深度FTA	覆盖WTO+	覆盖WTO-X	深度条款覆盖数量	深度条款覆盖率
中国—东盟	2002	2005	是	是	是	7	13.46%
亚太贸易协定（APTA）	2005	2006	是	是	否	2	3.85%
中国—智利	2005	2008	是	是	是	31	59.62%
中国—巴基斯坦	2006	2007	是	是	是	11	21.15%
中国—新西兰	2008	2008	是	是	是	21	40.38%
中国—新加坡	2008	2009	是	是	是	16	30.77%
中国—秘鲁	2009	2010	是	是	是	25	48.08%
中国—哥斯达黎加	2010	2011	是	是	是	26	50.00%
中国—冰岛	2013	2014	是	是	是	22	42.31%
中国—瑞士	2013	2014	是	是	是	20	38.46%
中国—澳大利亚	2015	2015	是	是	是	24	46.15%
中国—韩国	2015	2015	是	是	是	32	61.54%
中国—格鲁吉亚	2017	2018	是	是	是	17	32.69%

（续表）

协定名称	签订年份	生效年份	深度FTA	覆盖WTO+	覆盖WTO-X	深度条款覆盖数量	深度条款覆盖率
中国—马尔代夫	2017	未生效	无	无	无	无	无
中国—毛里求斯	2019	2021	是	是	是	23	44.23%
区域全面经济伙伴关系	2020	未生效	是	是	是	39	75.00%
中国—柬埔寨	2020	未生效	无	无	无	无	无

数据来源：根据中国自由贸易区服务网（统计至2021年10月）和世界银行"深度协定"数据库（统计至2019年）整理计算得出。

（二）构建多层次自贸区深化提升的异质性指标体系，全面识别自贸区深化演变特征与趋势

对标高标准国际经贸规则，自贸区/自贸港提升在规则、规制、管理、标准等方面形成了制度型开放。一是开放公平、安全高效的市场准入管理制度，以准入前国民待遇和负面清单为核心的外商直接投资管理制度、以国际贸易单一窗口为核心的贸易便利化管理制度、以自由贸易（FT）账户分账核算体系为核心的金融创新及监管制度、国际航运开放监管服务。二是"以放管服"（简政放权、放管结合、优化服务）为重心的政府职能转变制度创新体系，包括以先照后证、多证合一、审批注册单一窗口、市场准入负面清单、极简审批等为特征的现代商事登记制度；以信用风险分类为依托的市场监管制度、企业年度报告公示制度、经营异常名录和严重违法企业名单制度、"双随机一公开"抽查制度等为重点的事中事后监管制度；以市场主体首负责任为机制的综合监管制度等。三是与市场化、法治化、国际化营

商环境相适应的法律保障制度，包括调整国家层面的相关法律法规，如颁行《外商直接投资法》；建立国际商事仲裁中心、知识产权法庭等形式的地方性司法保障及权益保护制度；发展创新人才服务体系和国际人才流动通行制度。

针对自贸区深化范围与制度创新领域，建立自贸区深化提升的立体测度体系，构建自贸区领域创新深化指标，包括数字贸易、对外直接投资、外商直接投资、研发创新、金融科技等领域。

（三）测度构建自贸区提升重点领域异质性指标，全面衡量自贸区提升差异

聚焦高水平对外开放的领域与制度创新，本书着重从数字贸易、金融开放、科技创新、投资与环境等领域，构建自贸区提升的立体异质性深化指标体系。

1. 数字贸易领域指标

针对数字贸易深度条款领域，首先，电子商务章节代表了全球数字贸易规则的前沿，最有可能对与数字技术相关的国内监管制度产生重大影响。根据电子商务条款的作用，可以将其分为以下三大类：一是 WTO 框架电子商务规则补充条款，包括 WTO 中电子商务规则的适用、电子传输免征关税以及数字产品的非歧视待遇；二是通过简化网上交易流程促进数字贸易的规则，包括电子商务便利化条款、无纸贸易和电子认证等；三是数字流动相关规定，这些规定完全超越了 WTO 的范围，是各个主要国家焦点议题的争议所在，包括一般条款、数据本地化以及隐私与安全等。其次，数据流动条款具体指的是电子商务章节外的数据流动条款，内容涉及数据本地化和跨境自由流

动等。再次，专门针对服务部门而设立的数字贸易条款。最后，数字知识产权相关条款主要包括以电子形式存储的版权和相关权利、技术保护措施和信息管理权限等。进一步来说，本书参考 TAPED 对数字贸易规则的划分，将数字贸易深度条款类别归为四种类型：数字贸易服务条款包括服务和国有企业领域下的 6 个类别，电子商务条款包括贸易自由化、政府采购、竞争政策、技术贸易壁垒和投资领域的 5 个类别，数字知识产权条款包括知识产权领域下的 7 个类别，数据流动条款包括资本流动领域下的 4 个类别。本书从上述角度构建度数字贸易条款指标。

2. 创新要素领域指标

基于世界贸易组织发布的"深度协定"数据库，本书在服务业、环境法、国有企业、公共采购、技术性贸易壁垒、资本流动、卫生与植物检疫、补贴、贸易便利化与海关、劳动市场监管、投资、签证与庇护、专利与知识产权共 12 个领域下，选取 145 个创新要素跨境流动相关条款，构建自贸区创新要素深度指标。本书借鉴 Zarzoso and Chelala（2021）的方法，将创新要素跨境流动相关条款划分为四种类型：技术转让条款包括 12 个细分条款，技术合作包括 23 个细分条款，研发与创新包括 10 个细分条款，知识产权保护包括 100 个细分条款。其中，由于创新人员的流动大多依赖于技术转移，包含具备经验和知识的技术人员流动和研发人员流动，因此将创新人员的流动纳入技术转让和技术合作指标。同时，由于创新资金的流动大多是用于研发当中，因此被纳入研发与创新指标。

3. 投资领域垂直深化指标

针对投资深化目的与领域，我们将投资条款分为四种类型：投资促进、投资自由化、投资保护、投资便利化。（1）投资促进包括投资环境与投资服务，为投资者在领土内投资创造有利的环境，并可能提供设立、清算、投资促进方面的咨询服务；（2）投资自由化强调对外商直接投资进入尽可能地减少禁止类和限制类的准入门槛；（3）投资便利化与投资保护，强调外商进入后尽可能提高管理和服务效率以提供更高水平的保障。

（四）构建衡量高水平对外开放的主要多维指标

针对上海高水平对外开放的主要领域、制度型开放两方面，构建多维指标。

1. 高水平对外开放的主要领域指标

第一，针对上海对外贸易方面，侧重对外贸易规模提升、结构优化，构建上海口岸贸易额、货物进出口、服务进出口等指标，尤其是聚焦上海贸易转型升级，构建了上海数字贸易发展指标。依据UNCTAD数字贸易统计标准，获取计算机及外围设备、通信设备、消费类电子产品、电子元件和杂项电子产品等数字贸易HS6位码产品，从《国研网统计数据库》（简称"国研数据"）的《对外贸易数据库》整理得到2009—2021年上海对世界各国贸易进出口数据。

第二，针对上海对外直接投资与引进外资方面，对合同外资项目、实到外资规模、总部经济（包括新增跨国公司地区总部、投资性公司、研发中心）等进行测度衡量，主要数据来自《国研网统计数据库》。针对上海对外直接投资方面，数据来自Capital IQ数据库，初始样本包括2000—2019年共510371起企业投资交易数据，涉及208个目标国家，然后将交易层面数据加总到目标国维度，从而获得国家层面的上海对外直接投资数据。

　　第三，针对上海金融开放与科技创新方面，聚焦金融开放创新与金融风险监测预警机制，构建上海人民币跨境支付、外汇交易平台、跨境外汇即期交易、金融与科技等指标进行衡量，数据来自世界银行数据库的全球金融发展水平（GFDD）以及联合国教科文组织的科学、技术与创新数据库（UIS）。同时，本书借鉴 Rajan and Zingales（1998）的做法，采用国内私人部门信贷总额与股票市场价值之和与GDP之比作为金融发展的衡量指标。为了区分间接金融发展与直接金融发展的不同影响，将国内私人部门信贷总额与GDP之比作为间接金融发展（fde）的测度指标，将股票市场价值与GDP之比作为直接金融发展的测度指标。

2. 高水平对外开放的主要制度型指标

　　制度型开放在高水平对外开放中占据主体地位，本书构建了制度型开放的测度指标体系：对内与国际贸易投资通行规则相衔接的基本制度体系和监管模式，对标国际先进标准，在审批准入、市场竞争、产业政策、知识产权、营商环境等方面，构建对内制度改革创新指标；对外依据更加透明、包容、平衡的现代化多边规则体系，加大中国规则、标准的输出力度，增强创新力度，提高中国规则和中国标准在国际上的话语权，构建数字贸易、金融开放、科技创新、投资与环境等领域的规则制度指标。

（五）探究自贸区提升与高水平对外开放的影响机理

　　结合自贸区提升的理论机制，从自贸区动态深化、领域异质性以及上海自贸区提升优化路径三方面，全面阐释自贸区提升推动上海高水平对外开放的影响机理。

根据自贸区创新领域进行分类，将其粗略分为覆盖政治性、经济深度一体化、要素流动自由化、科研合作和深度贸易自由化条款五类，探讨评估自贸区深化总体层面对上海高水平对外开放的影响。

在自贸区提升总体效应的基础上，深入评估 FTZ 数字贸易条款深化、创新要素条款深化、金融科技条款深化、投资条款深化、环境条款深化影响的不同效应。依据 FTZ 规则类型、类别，探讨条款内容对高水平对外开放的不同影响，深入分析不同层次的自贸区规则深化影响的异质性。

（六）探究高水平对外开放情境下自贸区提升战略的优化路径

在全球样本国家估计基础上，聚焦阐释自贸区推进高水平对外开放存在的不足。构建面向全球的高标准自贸区战略，破解自贸区规则深化"缺位"难题。一方面，"十四五"时期构建双循环新发展格局，需要加快实现高质量"引进来"和高水平"走出去"的目标，但高水平对外开放规则仍然存在滞后与"缺位"问题。另一方面，自贸区水平深化以及条款垂直深化未能完全释放出制度开放的红利，即自贸区提升深化尚未对投资、科技创新、知识产权使用等领域形成坚实健全的保护和促进效果，在中美博弈呈现科技领域竞争局面的新时代，我国尤其需要重视参与推动自贸区创新政策深化，为新发展阶段中国高水平对外开放提供积极有效的制度保障与行动支持。

针对自贸区提升现状，从理论机制、现实证据与全球位置等方面，提供自贸区推动高水平对外开放的优化路径。本书基于上海自贸区深度条款绝对数量和相对水平，对类别数量与条款数量的现状进行分析，结合重点目的国视角，探索上海自贸区规则深化路径。从上海自贸区条款数量变化特征与趋势角度，通过反事实模拟自贸区一系列深化指数的影响，以促进上海高水平对外开放。此外，通过反事实模拟 RCEP、CPTPP、USMCA、DEPA 等协定的影响效应，进而全面发挥自贸区深化网络效应，为上海高水平对外开放提供夯实的优化路径与对策。

二、研究核心问题

第一，自贸区提升深化静态与动态指标的统一。突破既有研究自贸区同质性的假设，从自贸区提升深化的静态与动态指标入手，构建多层次深度自贸区的异质性识别指标体系，实现自贸区深化的静态与动态指标测度的全面性。在自贸区深度领域异质性条款指标方面，本书着重对自贸区深化的数字贸易深度条款指标、创新要素深化异质性条款指标、金融科技条款深化指标、投资条款深化指标与环境异质性深化指标，进行测度衡量。

第二，高水平对外开放多维指标的构建测度。在已有针对高水平对外开放的主要领域，包括对外贸易、对外直接投资、外商直接投资以及金融开放等构建指标基础上，进一步聚焦高水平对外开放制度领域并进行指标构建，实现了高水平对外开放指标测度的全面性。

一方面，针对高水平对外开放的主要领域，构建多维测度衡量指标。一是针对上海对外贸易方面，侧重对外贸易规模提升、结构优化，构建上海口岸贸易额、货物进出口、服务进出口等指标，尤其是聚焦上海贸易转型升级，构建了上海数字贸易发展指标。二是针对上海对外直接投资与引进外资方面，从合同外资项目、实到外资规模、总部经济（包括新增跨国公司地区总部、投资性公司、研发中心）等进行测度衡量交易层面数据进行加总到目标国维度，从而获得国家层面的上海对外直接投资数据。三是针对上海金融开放与科技创新方面，聚焦金融开放创新与金融风险监测预警机制，对上海人民币跨境支付、外汇交易平台、跨境外汇即期交易等指标进行衡量，构建了金融与科技指标。

另一方面，聚焦高水平对外开放主要制度型指标，构建制度型开放测度指标体系。对内与国际贸易投资通行规则相衔接的基本制度体系和监管模式，对标国际先进标准，在审批准入、市场竞争、产业政策、知识产权、营商环境等方面，构建对内制度改革创新指标；对外依据更加透明、包容、平衡的现代化多边规则体系，加大中国规则、标准的输出力度，增强创新力度，提高中国规则和中国标准在国际上的话语权，构建了从数字贸易、金融开放、科技创新、投资与环境等领域规则制度指标。

第三，构建自贸区提升推进高水平对外开放的优化路径。面对以"边境内"措施规制融合为特征的高标准国际经贸规则，对外开放重点已由强调市场准入的市场型开放，转变为重视国内制度改革创新的制度型开放。加快推进制度型开放，有利于深化国内市场化改革，增强上海国际合作和竞争新优势。在全球样本估计基础上，进一步以上海自贸区提升深化与高水平对外开放为样本，通过区分不同制度领域、不同行业、不同类型协定和不同细分条款，全面检验上海自贸区提升深化与高水平对外开放的异质性影响，进一步通过反事实模拟，寻求上海自贸区提升推进高水平对外开放的路径与策略，以制度型开放为核心，推进高水平对外开放。

第三节　研究拓展突破

一、补充丰富自贸区提升与高水平对外开放的影响机理

已有研究大部分从制度层面探究自贸区提升对高水平对外开放的影响，本书拓展至不同自贸区深化路径以及条款异质性进行探究。在考虑已有自贸区静态指标基础上，针对自贸区深度的动态演进，进一步构建深度自贸区提升异质性条款的覆盖领域、深化方向、条款内容等横向和纵向动态深化指标，将自贸区提升异质性，完整引入相关理论框架和经验研究策略，准确评估自贸区提升深化对上海高水平对外开放的影响及异质性效应的分布，从而能够全方位刻画自贸区提升的动态影响效应，拓展了已有研究视角。

立足自贸区提升战略，全面揭示自贸区深化对于高水平对外开放的影响机理。在理论机制估计中，本书不仅考虑了自贸区以及区域贸易协定签订本身的影响，而且更多地站在自贸区动态深化的视角上，匹配当前自贸区快速"进化"升级的现实，同时也从时间维度上进一步纳入自贸区影响的异质性，全面探究了自贸区贸易、投资、金融等领域深化对上海高水平对外开放的影响，包括第三方效应、贸易成本效应和生产要素配置效应、条款深化的促进效应等。此外，应用了更前沿的具有结构性质的引力模型估计方法，针对特殊案例的拟合与比对，在全样本研究的基础上高度突出了上海自贸区的特殊性，贯彻了从一般到特殊、从抽象到具体的研究理念，不仅丰富了自贸区提升与高水平对外开放的相关理论和经验证据，也为大变局下深入推进上海高水平对外开放寻找到具有一般性的理论依据。

本书在结合自贸区提升的贸易自由化效应基础上，全面探究了自贸区提升深化对上海高水平对外开放的影响，包括第三方效应、贸易成本效应和生产要素配置效应、条款深化的促进效应等。在此基础上，本项目着重阐释自贸区提升条款深化的促进效应，包括条款类别、子条款与细分条款的影响差异，尤其针对自贸区深化领域与目的差异，重点评估了深化领域类型的影响差异性。此外，本书应用了更前沿的具有结构性质的引力模型估计方法，针对特殊案例的拟合与比对，在全样本研究的基础上高度突出了中国的特殊性，贯彻了从一般到特殊、从抽象到具体的研究理念，不仅丰富了自贸区深化与高水平对外开放的相关理论和经验证据，也为中国问题寻找到了具有一般性的理论背景。

二、构建完善自贸区提升战略的上海探索

以往文献聚焦于解释自贸区提升动因和影响效应（Baier et al.，2014），大都基于同质性的自贸区，鲜有涉及自贸区的异质性、自贸区提升动因以及异质性影响。基于制度规则差异挖掘自贸区的异质性，本书深度探究自贸区深化提升对推动上海高水平对外开放的复杂影响，进而从促进自贸区提升的视角来优化上海高水平对外开放规则的设计，为自贸区深化异质性与高水平对外开放的影响提供了更为全面的理论解释，弥补已有基于定性同质化指标所造成的研究结论的局限性。在此基础上，基于全球样本事实基础，探寻上海自贸区规则条款深化路径与实践策略，以此为构建面向全球高标准自贸区网络，推动高水平对外开放形成自贸区提升领域的上海实践，提供更为丰富的

理论与经验证据。

在实践层面，本书以高度细化和扎根实际的研究结论，提供明确可操作的政策性思考。党的二十大报告丰富了高水平对外开放的制度型内涵，既包括国际通行规则的对接，也包括规制、管理、标准的开放。当前上海高水平对外开放自贸区规则仍然存在滞后与"缺位"的问题，亟待构建面向全球高标准自贸区网络战略中，需着重探索实践自贸区提升深化路径，以高标准自贸区战略推动高水平对外开放。在高度细化的经验证据的支持下，本书研究提供了自贸区深化对高水平对外开放的总体实现路径，尤其厘清明确了自贸区规则部分领域、类型与细分条款起到的关键性作用，这对于上海如何优化自贸区领域及升级提效方向，推动上海高水平对外开放具有直接的参考意义。

此外，本书立足于中国自贸区发展最新实践以及高水平对外开放与高标准自贸区战略的协同，重点提出上海自贸区提升突破方向和路径，进而促进浦东新区和上海自贸区、临港新片区支撑上海实现"五个中心""四大功能"建设，践行引领长三角参与全球竞争和服务"一带一路"建设的责任，提升上海国际规则制定中的话语权与影响力，形成高水平对外开放上海实践。

第二章
高水平对外开放的上海探索

    基于国际贸易、国际投资、金融开放及制度型开放变化趋势与特征，本书全面阐释高水平对外开放现状，并针对性分析现存问题与挑战。基于数字贸易和服务贸易的重要性日益凸显，以及贸易发展战略转变的背景，本书从行业分布、产品结构、贸易伙伴及贸易主体等方面，全面梳理国际贸易发展特点。聚焦外商直接投资与对外直接投资发展历程。本书分别从投资金额、投资主体、行业及地理分布等方面，全面反映"引进来"与"走出去"的演进历程与阶段特征。就金融开放而言，构建金融开放指标，选取人民币跨境收付量对人民币国际化进程进行阐释。就制度型开放而言，从规则、规制、管理与标准多个维度构建制度型开放指标，直观反映制度型开放现状及前景，剖析自贸区在不同开放领域所取得的成就。

第一节　中国高水平对外开放的主要领域

一、中国对外贸易的特征与趋势

（一）贸易规模巨大，一般贸易为主，出口质量显著提升

中国已经成为全球最大的贸易国家，成为"全球工厂"。根据国家统计局公布的数据，2022年中国进出口货物总额为420678亿元，同比增长7.7%。其中，出口货物总额为239654亿元，增长10.5%，进口货物总额为181024亿元，增长4.3%。货物进出口顺差58630亿元，比上年增加15330亿元；全年服务进出口总额59802亿元，比上年增长12.9%。其中，服务出口28522亿元，增长12.1%；服务进口31279亿元，增长13.5%，服务进出口逆差2757亿元。过去几十

表2　2022年货物进出口总额（单位：亿元）及其增长速度（单位：%）

指标	金额（亿元）	比上年增长（%）
货物进出口总额	420678	7.7
货物出口额	239654	10.5
其中：一般贸易	152468	15.4
加工贸易	53952	1.1
其中：机电产品	136973	7.0
高新技术产品	63391	0.3
货物进口额	181024	4.3
其中：一般贸易	115624	6.7
加工贸易	30574	-3.2
其中：机电产品	69661	-5.4
高新技术产品	50864	-6.0
货物进出口顺差	58630	35.4

年中，中国对外贸易的增长主要依赖于加工贸易。进口原材料和零部件，完成加工和组装后再出口，这种模式被国际上称为"中国制造"或"全球工厂"。但随着中国制造业水平的不断提高，中高端制造业的发展壮大，以及消费市场的扩大，一般贸易比重逐渐增加并成为最主要的出口贸易方式。随着中国制造业的升级和转型，越来越多的高新技术产品走出国门，创新能力和核心技术已经成为中国对外贸易的关键词之一，高新技术产品的出口占比也有所增长。

（二）贸易市场分布不断扩大，经贸合作"朋友圈"扩容升级

中国的贸易市场不断扩大。中国提出的"一带一路"倡议，将贸易伙伴和市场扩大到沿线国家和地区，从而实现了中国与东南亚、非洲、欧洲等地区的更紧密合作。与"一带一路"沿线国家和地区的贸易金额增加，同欧洲、东南亚、北美等区域的贸易也在不断扩大。此

表3　2022年对主要国家和地区货物进出口金额（单位：亿元）、
增长速度（单位：%）及其比重（单位：%）

国家和地区	出口额（亿元）	比上年增长（%）	占全部出口比重（%）	进口额（亿元）	比上年增长（%）	占全部进口比重（%）
东盟	37907	21.7	15.8	27247	6.8	15.1
欧盟	37434	11.9	15.6	19034	−4.9	10.5
美国	38706	4.2	16.2	11834	1.9	6.5
韩国	10843	13.0	4.5	13278	−3.7	7.3
日本	11537	7.7	4.8	12295	−7.5	6.8
俄罗斯	5123	17.5	2.1	7638	48.6	4.2
巴西	4128	19.3	1.7	7294	2.6	4.0
印度	7896	25.5	3.3	1160	−36.2	0.6
南非	1615	18.6	0.7	2173	2.0	1.2

外，中国在建设自贸区方面取得了很大进展。自贸区实现了更灵活、更开放和更便利的贸易投资环境，吸引了越来越多的国家和地区加入自由贸易协定。中国还积极参与多边贸易谈判，包括加入世界贸易组织、中国—东盟自由贸易区、中国—澳新自由贸易区等重要自由贸易协定，加强了与相关国家和地区的贸易合作。

二、中国国际投资特征与趋势

中国实际使用外资金额总量稳定增长，对华投资结构性变化大，服务业成为吸收外资的主要领域，自贸区成为高端制造业外资增长极。但是伴随国内要素成本刚性上涨压力叠加竞争加剧，外资制造业投资持续下行，欧美在华投资持续低迷，利用外资质量仍有待提高，绿地投资规模与数量呈现双降态势。

（一）中国持续保持全球第二大外资流入国地位，外资进入高质量发展阶段

根据商务部数据，伴随营商投资环境不断改善，全国实际使用外资金额由 1983 年的 9.2 亿美元增长到 2021 年的 1809.6 亿美元，年均增幅接近 15%。2022 年实际使用外资规模增速仍然处于高位。中国持续保持全球第二大外商直接投资流入国地位。据联合国贸发会议数据，中国吸收外资金额占全球跨国直接投资总额的比重不断提升，2017 年至 2020 年连续四年保持全球第二大外资流入国地位。2021 年我国吸收外资仍保持全球第二。

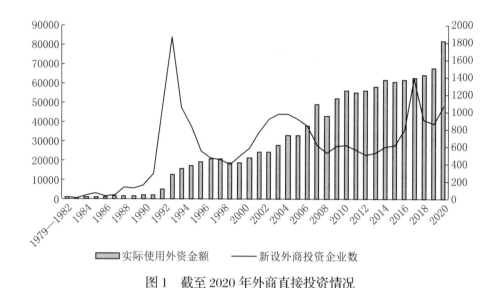

图 1 截至 2020 年外商直接投资情况

数据来源：商务部外资司

（二）外商投资结构呈现优化趋势，服务业成为吸收外资的主要领域

　　根据商务部数据，2021 年制造业的外商投资企业数量呈下降趋势，批发和零售业成为外商投资企业数量分布最多的领域，租赁和商务服务业的注册资本上升最快，也成为注册资本占比最大的行业。科学研究技术服务和地质勘查业等高技术领域的外商投资企业数量也增长较快。服务业成为外资投资主要行业。根据商务部数据，2005—2021 年，我国第一产业实际使用外资金额占比从 0.99% 下降至 0.3%，第二产业实际使用外资金额占比从 61.73% 下降至 23.4%，第三产业实际使用外资金额占比从 37.28% 增加至 76.3%。从总量上看，服务业利用外资占全部外资的比重已从 2005 年的不足 1/3，达到 2021 年的 75.8%。

（三）外资来源多元化趋势显著，但仍集中在亚洲国家 / 地区

　　对华投资的主要来源地区是亚洲、欧盟、北美及部分自由港区。

表4　2021年三次产业吸收外资情况

行业名称	新设企业数（家）	比重（%）	实际使用外资金额（亿）	比重（%）
总计	47647	100	1809.6	100
第一产业	430	0.9	5.4	0.3
第二产业	5613	11.8	423.4	23.4
第三产业	41604	87.3	1380.8	76.3

根据商务部外资统计公报，2017—2022年主要国家和地区在华投资企业数量整体仍呈增长趋势，尤其韩国在华投资企业数量增加明显。欧盟主要国家在华投资企业数量占比有所下降，亚洲及北美地区投资企业数量占比保持增长。根据商务部外资统计公报，2021年亚洲国家／地区在华新设企业数占比为76.2%，实际投资金额占比为84.9%。欧洲国家／地区在华新设企业数占比为8.1%，实际投资金额占比为3.9%。

（四）外资"提质量"成效显著，自贸区成为高端制造业外资增长极

中国高技术产业利用外资增长较快，占全部外商直接投资的比重持续上升。根据商务部外资统计公报，2022年，高技术产业实际使用外资金额增长28.3%，占全国36.1%，较2021年提升7.1个百分点，其中电子及通信设备制造、科技成果转化服务、信息服务分别增长56.8%、35%和21.3%，已成为吸引外资的"主引擎"。坚持扩大外资市场准入，自贸试验区成为吸引外资的新引擎。根据商务部相关数据，2022年，21家自贸试验区实际使用外资2225.2亿元，占全国的18.1%，自贸区成为外资保存量、扩增量、培育新增长点。2022年，我国连续第六年缩减全国和自贸试验区外资准入负面清单，分别

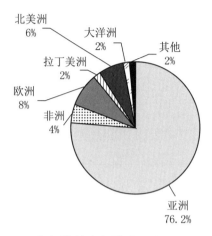

图 2　2021 年新设外商投资企业主要来源地概况

数据来源：商务部外资司

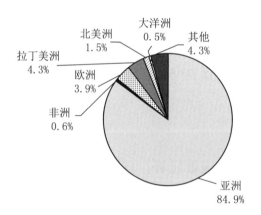

图 3　2021 年实际投资金额主要来源地概况

数据来源：商务部外资司

缩减至 31 条和 27 条。通过加大力度保护知识产权，保护外资企业的资产，鼓励外资企业参与政府采购、参与标准的制定，不断增强外资在中国投资兴业发展的信心和动力，促进外资保存量、扩增量、培育新增长点。

三、中国金融开放领域特征与趋势

（一）金融服务业基本实现了负面清单全面开放，不再存在外资持股比例限制

我国基本取消了金融机构外资持股比例限制，涵盖了银行、证券、基金、期货、人身险等机构。我国还废除了总资产、经营年限、设立代表处年限等数量上的门槛要求，大幅放宽了金融机构的展业范围，基本实现了中外资一致。值得一提的是，企业征信、信用评级、支付清算等金融服务机构也享受国民待遇。随着这些改革的推进，我国的各类外资金融企业得以快速发展，甚至涌现出越来越多的独资形态。通过取消外资持股比例限制、降低门槛要求、放宽展业范围等措施，我国吸引了更多外资金融机构的参与。

（二）金融市场持续扩大"通道式"对外开放

中国金融市场开放基本上还是保留了"通道式"模式。这种模式带来了一定程度的可见性和可控性，同时也为外国投资者提供了一些便利。在这两类通道中，第一类是通过合格机构投资者（QFII／QDII）和人民币合格境外机构投资者（RQFII／RQDII）的通道。这些通道允许合格的机构投资者以一定的额度进入中国资本市场进行投资，包括股票、债券、基金等各类资产。而第二类通道则是近年来推出的一系列互联互通机制，如沪港通、深港通、沪伦通和粤港澳大湾区跨境理财通等。这些通道主要是在不同市场之间建立了股票和债券的互联互通，使得境内和境外投资者可以相互交易对方市场的资产。目前，中国的保险业对外开放的程度相对较低，尚未建立类似于股票

和债券市场的互联互通机制，未来可能会有更多的开放措施在保险领域推出。我国的商品期货和期权市场也在逐步对外开放，吸引了更多国际投资者的参与，实现了一定程度的国际化。

（三）人民币离岸市场发展迅速，实施有管理浮动汇率制度

人民币离岸市场主要在香港，新加坡、伦敦、中国台湾等地市场也在加速发展。这些市场存在一定的波动性，受到资金回流渠道和人民币汇率走势的影响。虽然目前离岸人民币的存量规模尚未达到能够自我循环的水平，但与人民币相关的投资产品和投资机制发展迅速。

中国于 2005 年 7 月启动了汇率制度市场化改革，并在随后的 2007 年、2012 年和 2015 年做出了三次微调。目前，我国已基本结束对外汇市场的常态化干预，使人民币汇率的弹性显著增强。近期人民币汇率波动幅度较大，汇率能够及时反映市场预期，从而大幅减少了因汇率扭曲而引起的套利资金，跨境资金流动更多地出于对未来的预期。人民币汇率基本退出了常态化干预，外汇储备维持在约 3.2 万亿美元，而人民银行直接买卖外汇的指标——外汇占款几乎没有变化，这充分证明了中国基本退出了对人民币汇率的直接干预。并且，人民币已被国际货币基金组织（IMF）纳入特别提款权（SDR）货币篮子，并开始成为各国官方外汇储备的组成货币。更多国家将人民币作为官方外汇储备，并广泛接受和使用人民币进行国际支付。人民币在跨境资金流动中的占比持续上升，这表明人民币国际化的进程正在不断加快。总之，人民币离岸市场的快速发展以市场供求为基础，参考一篮子货币的管理浮动汇率制度，为中国的金融体系提供了更多的国际化机遇。随着人民币的国际地位不断提升，它将在全球金融领域发挥更加重要的作用。

第二节　上海高水平对外开放的主要领域

一、上海对外贸易的特征与趋势

上海国际贸易规模始终保持增长态势，以加工贸易为主转向以一般贸易为主，数字贸易逐渐兴起并初步发展。但上海国际贸易依然存在显著提升空间，如贸易主体长期以来以外资企业为主，出口产品结构仍需进一步优化，贸易份额集中于主要贸易伙伴等。

（一）上海国际贸易规模保持平稳增长，数字贸易取得初步发展

上海作为先进的沿海开放城市，是中国国际贸易发展的重要支撑。随着中国经济从高速增长转向高质量发展，上海贸易增速呈现波动下降的趋势。据图 4 至图 6 所示，2021 年上海口岸贸易总额高达 11724.29 亿美元，同比增速达到 25.70%，2022 年增加至 10.4 万亿元，占全球比重达到 3.6% 左右的新高。相较于服务贸易，货物贸易依然占据主要地位。2021 年上海货物贸易总额为 6286.03 亿美元，仅次于广东、江苏、浙江，位居全国第四，2022 年达到 4.19 万亿元，同比增长 3.2%；服务贸易进出口总额达到 2293.8 亿美元，增速高达 49.89%。

上海国际贸易发展趋势与中国贸易发展政策密切相关。以货物贸易为例，受改革开放以来实施出口导向型贸易发展战略影响，2010 年前上海货物出口贸易占据主要地位，最直接且最明显地拉动了中国外向型经济的持续快速增长与发展，而随着国内外经济形势的变化，这一战略弊端不断暴露。2014 年，习近平总书记在中共中央政治局

第十九次集体学习时指出，"培育竞争新优势，拓展外贸发展空间，积极扩大进口。"从图6可以看出，自2014年以来，上海货物进口贸易规模远超出口，且增速高于货物总贸易增速和出口贸易增速。

　　数字技术为上海国际贸易发展提供了重要驱动力。随着人工智能、区块链、大数据、云计算等数字技术的发展，其与传统产业的深度融合，贸易标的、企业运行模式及支付方式均发生了深刻变革。根据USBEA（2018）的定义，数字贸易包括保险和养老金服务业、金融服务业、电信、计算机和信息服务业、文化和娱乐服务业以及其他服务业的贸易。由图7可以看出，在数字贸易进出口方面，2022年上半年进出口总额达到289.9亿美元，同比增长9.7%。从变化趋势来看，2016年以来数字贸易呈现快速增长趋势，2018年增速最高达到19.23%，数字贸易由顺差转为逆差。具体来看，数字贸易进口和出口

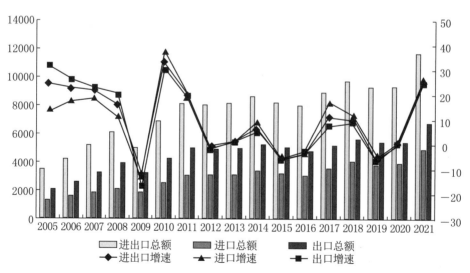

图4　2005—2021年上海市口岸贸易进出口总额（单位：亿美元）
及增速（单位：%）

数据来源：《上海统计年鉴》

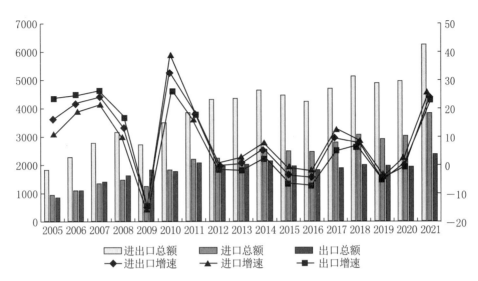

图 5　2005—2021 年上海市货物贸易进出口总额（单位：亿美元）

及增速（单位：%）

数据来源：《上海统计年鉴》

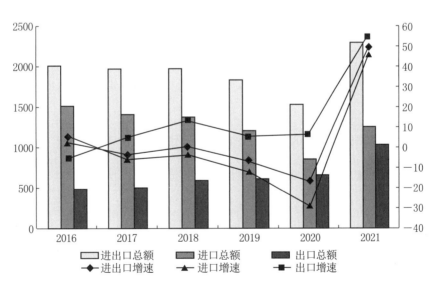

图 6　2016—2021 年上海市服务贸易进出口总额（单位：亿美元）

及增速（单位：%）

数据来源：《上海统计年鉴》

始终呈增长趋势，2020 年分别达到 196.3 亿美元和 178.7 亿美元，相较于数字贸易进口，数字贸易出口增速较慢且在 2017 年出现负增长。

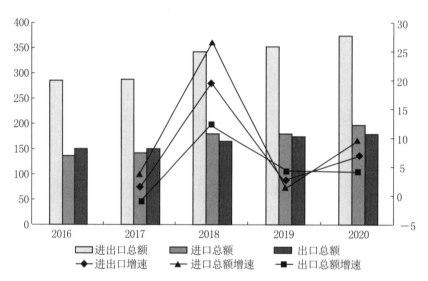

图 7　2016—2020 年上海市数字贸易进出口总额（单位：亿美元）
及增速（单位：%）

数据来源：上海市商务委

（二）上海国际贸易主体仍为外资企业，贸易模式逐渐优化

外资企业仍是拉动上海国际贸易发展的重要力量。如图 8 所示，国有企业出口贸易规模呈波动变化，而外资企业出口规模整体呈增长趋势，占上海总出口额一半以上，且自 2010 年以来规模始终处于 1000 亿美元以上。这表明外资企业有力拉动了上海对外贸易发展，一方面，外资企业具有先进技术、管理经验、人才和充裕资金，为其出口提供了坚实的保障；另一方面，中国实施的外资优惠政策，如"超国民待遇"为外资企业开展出口贸易营造了良好的外部环境，2022 年外资企业货物出口总额高达 9385.41 亿元，同比增长 3%。

贸易方式由一般贸易逐渐替代加工贸易。如图 8 至图 9 所示。上海一般贸易出口规模整体呈上升趋势，从 2005 年的 339.11 亿美元增

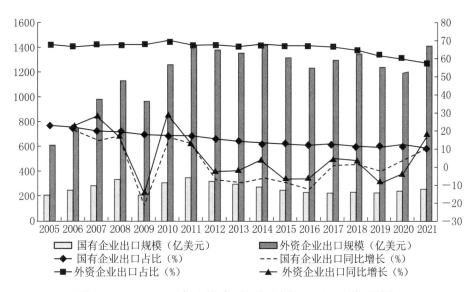

图 8　2005—2021 年上海市不同性质企业出口趋势及特征

数据来源：《上海统计年鉴》

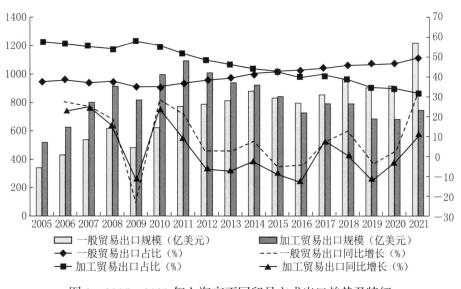

图 9　2005—2021 年上海市不同贸易方式出口趋势及特征

数据来源：《上海统计年鉴》

长至 2021 年的 1223.42 亿美元。加工贸易出口规模具有显著的阶段性特征，2012 年以前呈上升趋势，此后呈下降趋势，且从 2016 年开始低于一般贸易出口规模。中国制造业以加工贸易为主，并凭借廉价劳动力、土地、市场等要素参与国际生产分工，这一贸易模式导致中国在全球生产链中陷入"低端锁定"困境，随着 2013 年中国开启新一轮高水平对外开放，贸易模式逐渐转型优化。

高新技术产品贸易占比较低，出口产品结构仍需进一步优化。如图 10 所示。上海机电产品出口规模和高新技术产品出口规模均呈上升趋势。其中，机电产品出口规模从 2005 年的 602.47 亿美元增加至 2022 年 11735.75 亿元，且在 2010 年以后始终高于 1200 亿美元；高新技术产品出口规模从 2005 年 362.53 亿美元上升至 2022 年 6234.5 亿元，且在 2010 年以后几乎保持在 800 亿美元以上，表明上海出口产品结构仍需进一步优化。进一步而言，从出口规模占比来看，机

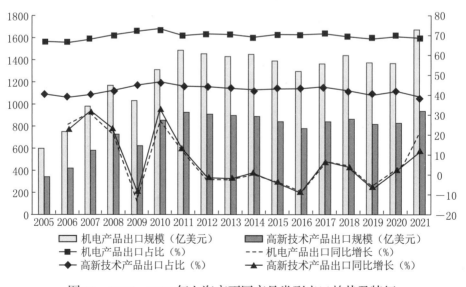

图 10　2005—2021 年上海市不同产品类型出口趋势及特征

数据来源：《上海统计年鉴》

电产品和高新技术产品出口占比具有较为明显的阶段性特征。其中，高新技术产品出口占比在 2020—2021 年期间出现显著下降趋势，在 2021 年降至 38.52%，表明技术含量较高的产品出口受重大突发公共卫生事件影响更严重。

　　上海数字贸易获得快速发展但行业分布不平衡。如图 11 所示，在上海数字贸易进口中，知识产权使用费进口规模最大，占比始终保持在 45% 以上。金融进口总额最小，占数字贸易进口总额比重仅不到 1%。在数字贸易出口中，电信、计算机和信息服务出口贸易规模最大，规模占比始终呈上升趋势，2020 年这一比重为 56.69%，金融出口规模最小，2016—2019 年每年出口规模均低于 1 亿美元，虽然 2020 年出现较大幅度增长达到 2.2 亿美元，但依然远低于其他行业。总体而言，电信、计算机和信息服务及其他服务始终保持顺差，文化和娱乐及知识产权使用费则是数字贸易逆差的主要来源。

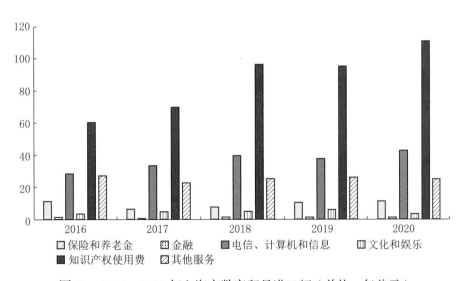

图 11　2016—2020 年上海市数字贸易进口额（单位：亿美元）

数据来源：上海市商务委

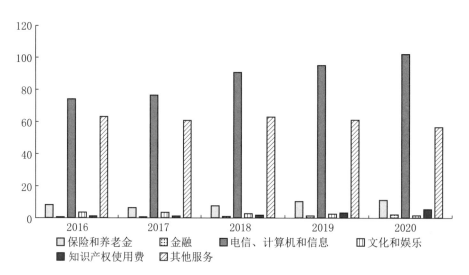

图 12　2016—2020 年上海市数字贸易出口额（单位：亿美元）

数据来源：上海市商务委

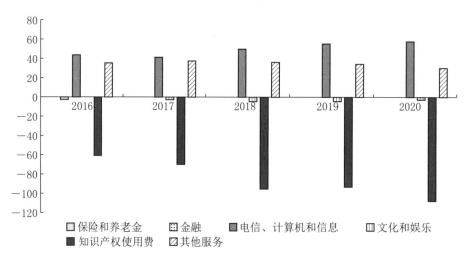

图 13　2016—2020 年上海市数字贸易差额（单位：亿美元）趋势及特征

数据来源：上海市商务委

（三）上海国际贸易伙伴呈多元化趋势，但出口贸易分布仍较为集中

上海对美国出口依赖逐渐减弱，但仍占据较大份额。如表 5 所示，上海主要贸易伙伴为美国、日本、韩国及德国。从出口贸易额

及占比来看，上海对美国出口贸易额及占上海总出口贸易额比重始终最高，在 2013 年达到最高水平 506.5 亿美元，占比为 24.8%，但 2018 年以来出现明显下降趋势，尤其在 2019 年降至 10 年来最低水平 404.95 亿美元，占比为 20.36%。可能原因在于，中美贸易摩擦下我国采取一系列反制措施，对美国出口市场的依赖逐渐减弱。

表 5　2005—2021 年上海市主要出口贸易伙伴出口额（单位：亿美元）及占比（单位：%）

年份	日本	韩国	德国	美国
2005	133.56（14.72）	30.38（3.35）	42.48（4.68）	227.39（25.06）
2006	151.71（13.36）	38.67（3.40）	55.90（4.92）	282.74（24.90）
2007	170.53（11.85）	49.17（3.42）	68.25（4.74）	346.11（24.05）
2008	200.39（11.83）	59.68（3.52）	92.94（5.49）	372.10（21.97）
2009	160.84（11.33）	46.90（3.30）	71.32（5.03）	320.94（22.62）
2010	196.46（10.87）	58.92（3.26）	86.05（4.76）	409.91（22.67）
2011	239.74（11.43）	74.18（3.54）	86.21（4.11）	483.94（23.07）
2012	249.62（12.07）	69.45（3.36）	94.34（4.56）	501.59（24.25）
2013	249.09（12.20）	62.12（3.04）	67.09（3.28）	506.50（24.80）
2014	233.13（11.09）	71.62（3.41）	73.93（3.52）	498.45（23.70）
2015	213.22（10.83）	84.80（4.31）	69.52（3.53）	455.79（23.14）
2016	192.07（10.47）	73.45（4.00）	58.99（3.22）	449.16（24.48）
2017	193.49（9.99）	63.41（3.27）	63.63（3.29）	464.57（23.99）
2018	215.09（10.38）	68.78（3.32）	69.37（3.35）	475.10（22.93）
2019	197.08（9.91）	70.52（3.54）	66.59（3.35）	404.95（20.36）
2020	181.22（9.15）	71.61（3.61）	66.50（3.36）	429.58（21.68）
2021	202.34（8.32）	105.81（4.35）	82.08（3.37）	478.08（19.65）

注：括号内为上海市对一国出口额占上海市总出口额比重（单位：%）

主要国家进口贸易额占上海总进口额比重较为平均。如表 6 所示，上海主要贸易伙伴为日本、韩国、德国及美国。其中，来自日本进口额规模最大，2021 年达到 434.22 亿美元，但占上海进口贸易总额比重整体呈下降趋势。来自美国和德国进口额次于日本，2018 年以来受中美贸易摩擦影响，自美国的进口额下降趋势较为明显。来自韩国进口额及占比的变化趋势与中国台湾基本保持一致，即进口额总体保持增加趋势，占上海进口贸易总额比重呈下降趋势。

表 6   2005—2021 年上海市主要进口贸易伙伴进口额（单位：亿美元）
及占比（单位：%）

年份	日本	韩国	德国	美国
2005	168.87（17.66）	81.79（8.55）	67.27（7.03）	110.04（11.51）
2006	192.31（16.88）	97.40（8.55）	76.21（6.69）	131.64（11.56）
2007	224.30（16.13）	122.46（8.81）	101.87（7.33）	146.93（10.57）
2008	262.22（17.16）	126.72（8.29）	111.55（7.30）	162.31（10.62）
2009	225.96（16.64）	92.52（6.81）	96.70（7.12）	150.91（11.11）
2010	308.71（16.41）	146.41（7.78）	140.61（7.48）	202.75（10.78）
2011	346.54（15.22）	185.01（8.13）	178.80（7.85）	212.6（9.34）
2012	323.49（14.07）	175.08（7.61）	192.25（8.36）	200.19（8.71）
2013	301.70（12.72）	176.90（7.46）	208.61（8.80）	227.34（9.59）
2014	311.75（12.16）	190.84（7.44）	249.39（9.73）	265.53（10.36）
2015	285.39（11.20）	202.03（7.93）	224.72（8.82）	285.31（11.20）
2016	293.12（11.71）	163.32（6.52）	234.00（9.35）	271.24（10.83）
2017	329.02（11.65）	186.23（6.59）	268.11（9.49）	305.53（10.82）
2018	360.29（11.68）	198.53（6.44）	264.33（8.57）	293.77（9.52）
2019	340.95（11.56）	179.26（6.08）	262.57（8.90）	252.02（8.55）
2020	369.96（12.13）	189.46（6.21）	277.63（9.10）	265.4（8.70）
2021	434.22（11.27）	231.15（6.00）	308.42（8.00）	308.39（8.00）

注：括号内为上海市对一国进口额占上海市总进口额比重（单位：%）

二、上海国际投资特征与趋势

从上海外商直接投资与对外直接投资来看，上海外资企业及外商直接投资额长期保持增长趋势，但上海在对外直接投资方面存在一定短板，投资额出现较大幅度下降，行业和地理分布也相对集中。

（一）上海对外资具有较强吸引力，外资规模增长呈现显著的阶段性特征

上海外资企业注册登记数量、投资金额及注册资本呈逐年增加态势，但占全国比重出现波动下降。根据图 14 所示，自 2005 年至今，企业注册登记数量从 2005 年的 28978 户增加至 2021 年的 97342 户，2022 年新设外商直接投资企业 4352 家，跨国公司地区总部从 2015 年的 535 家增加至 2021 年的 831 家，研发中心从 2015 年的 396 家增加至 2021 年的 506 家，投资总额从 2005 年的 2006.7 亿美元上升至 2021 年的 12155 亿美元，注册资本从 2005 年的 1086.1 亿美元增加至 2021 年的 8065 亿美元。可以看出，上海外资数量和外资质量不断提升。从占比来看，2018 年以前，企业注册登记数、投资总额及注册资本占全国总数比重均呈现上升趋势，但此后出现下降趋势，可能原因在于，2018 年中国颁布《国务院关于积极有效利用外资推动经济高质量发展若干措施的通知》，提出大幅放宽市场准入，提升投资自由化水平，进入全方位、全领域、全区域、全体系对外开放的新阶段。这一政策实施为其他地区外资自由化便利化提供了良好的环境，致使上海对外资企业的吸引力相对下降。

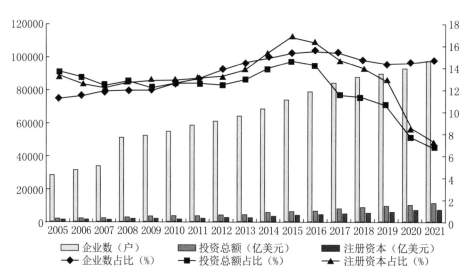

图14 2005—2021年上海市外商直接投资企业注册登记、投资总额及注册资本
（单位：亿美元）

数据来源：《上海统计年鉴》

上海外资合同项目、外资合同金额及外资实到金额总体呈上升趋势，但存在较为明显的阶段性特征。如图15所示，2015年，三者呈较大幅度增长，外资合同项目达到6007个，同比增长27.89%，外资合同金额达到589.43亿美元，同比增长86.48%，外资实到金额达到184.59亿美元，同比增长1.61%。可能原因在于，十八届五中全会以来，我国全面实行准入前国民待遇与负面清单制度，有序扩大服务业对外开放。同年，国家商务部、发改委发布《外商直接投资产业指导目录（2015年修订）》并指出放宽外资准入，优化投资结构，发挥上海自贸区引资效应，外资管理体制加速转型，吸引外资手段不断优化，从而促使大量外资进入上海。而2017年三者均出现不同程度的回落，外资合同项目降至3950个，同比下降23.35%，外资合同金额降至401.94亿美元，同比下降21.15%，外资实到金额降至170.08亿美

元，同比下降 8.13%。这可能与上海外资连续多年正增长达到的高基数密切相关，2017 年后三者逐渐恢复增长态势，2022 年外资合同金额达到 402.26 亿美元，实际使用外资 239.6 亿美元，再创历史新高。

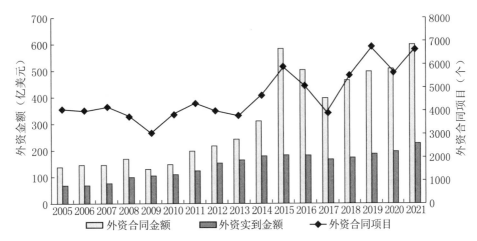

图 15　2005—2021 年上海市外商直接投资合同项目、合同金额及实到金额
（单位：亿美元）

数据来源：《上海统计年鉴》

（二）上海对外直接投资进入新常态，行业分布和地理分布集中

上海对外直接投资规模总体上出现下降，但依然位居全国前列。由图 16 可以看出，2014—2021 年期间上海对外直接投资变化幅度较大，其中，2014—2016 年对外直接投资项目和规模快速增长，投资项目数量在 2016 年达到最多，为 1425 个，投资金额在 2015 年达到峰值，为 398.98 亿美元。但在 2017 年两者大幅下降，分别同比下降 57.33% 和 69.76%。2018 年以来，上海对外直接投资项目和规模逐渐恢复增长态势，2021 年投资项目达到 958 个，投资金额达到 196.2 亿美元，2022 年出现下降趋势，全年备案对外直接投资项目 658 个，投资额 86.2 亿美元，下降 56.1%。

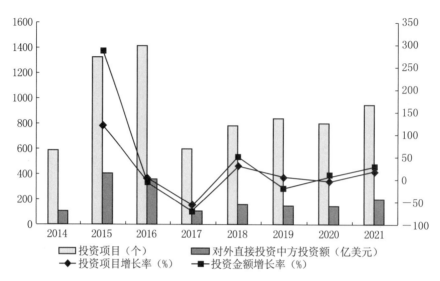

图16　2014—2021年上海市对外直接投资额（单位：亿美元）及增长率

（单位：%）

数据来源：《上海统计年鉴》

上海对外直接投资行业分布和地理分布较为集中。2020年，上海对外直接投资涵盖国民经济行业17个大类，其中，按照投资流量分布，主要为制造业、租赁和商务服务业、批发和零售业、信息传输及软件信息技术服务业、交通运输及仓储和邮政业。上述行业对外直接投资流量总额占上海总额的92.1%。按照投资存量分布，上海对外直接投资主要集中于租赁和商务服务业、制造业、信息传输及软件和信息技术服务业、批发和零售业、科学研究和技术服务业，以上五个行业对外直接投资存量占上海投资总额的82.7%。

对外直接投资流向集中于亚洲国家和地区。2020年上海对外直接投资的重点洲别为亚洲、拉丁美洲和北美洲，分别占上海对外直接投资流量的45.6%、30.1%和17.9%。其中，超过90%投资额集中于前十大国家和地区，按照流量分布，上海对外直接投资前十大伙伴分别为中国香港、新加坡、开曼群岛、美国、英属维尔京群岛、英国、澳大利亚、加拿大、瑞典和印度尼西亚，总量占比为93.1%；按照存量分布，上海对外直接投资前十大伙伴分别为中国香港、美国、英属维尔京群岛、开曼群岛、新加坡、印度尼西亚、荷兰、阿联酋、日本和英国，总量占比达到97.2%。

三、上海金融开放领域特征与趋势

从人民币国际化进程来看，上海跨境人民币收付量持续高速增长，稳居全国首位。从金融开放指标来看，上海金融开放宽度较高，而名义金融开放度与金融开放深度较低，三者协调度不足。

（一）上海人民币跨境收付量快速增长，始终位居全国前列

上海人民币跨境收付总量呈大幅增长趋势，资本项目占主导地位。根据《人民币国际化报告》，2015年以来，上海人民币跨境收付量持续稳步增长，从27457.2亿元增加至2022年19.6万亿元，并在2017年超过广东，稳居全国首位。可能原因在于，上海跨国企业特别是区域总部级机构数量较多，承担资金管理、采购、销售、结算等多项职能，鉴于跨境人民币业务的优势，跨国企业越来越倾向于选择人民币进行跨境支付。2018年跨境人民币结算首次超过外汇结算量，2019年和2020年占全国人民币跨境收付量比重超过一半，在人民币国际化进程中发挥着重要作用。从构成来看，资本项目人民币跨境收付金额始终占据主要地位，从2015年的15432.1亿元快速增加至2021年的160121.58亿元，而经常项目人民币跨境收付金额在2021

年为 19638.32 亿元，仅为资本项目的十分之一，资本项目开放已成
为上海金融开放的主要推动因素。

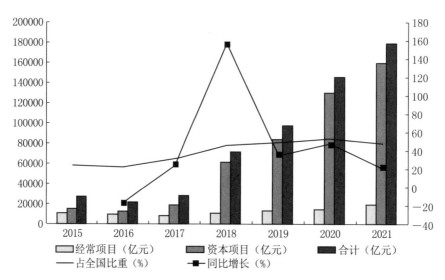

图 17   2015—2021 年上海市人民币跨境收付量趋势与特征（单位：亿元）

数据来源：《上海统计年鉴》

（二）上海金融开放程度总体较低，金融开放深度与金融开放宽度亟待提升

上海金融开放宽度较高，名义金融开放度和金融开放深度有待提
升。借鉴谢寿琼和韩健（2020）的研究，本报告构建如下金融开放指
标衡量金融开放程度：一是使用外商直接投资额占 GDP 比重衡量名
义金融开放度，二是使用对外直接投资额占 GDP 比重衡量金融开放
深度；三是使用金融机构外币存贷款总额占金融机构本外币存贷款总
额比重衡量金融开放宽度。从图 18 可以看出，金融开放宽度始终保
持在较高水平，且变化幅度较小，最低水平为 2015 年的 0.07，最高为
2016 年的 0.0796；名义金融开放度较低，波幅同样较小，最低出现在

2018 年为 0.0318，最高出现在 2014 年为 0.0442。金融开放深度变化明显，且具有阶段性特征，2014—2015 年呈快速增长趋势，2015 年高达 0.0924，2015—2016 年出现大幅下降，此后一直维持在较低水平。

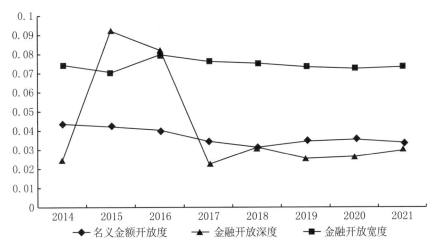

图 18　2014—2021 年上海市金融开放程度趋势与特征

数据来源：《上海统计年鉴》

第三节　上海高水平对外开放的主要制度特征

一、制度型开放指标构建及特征事实

习近平总书记在第四届中国国际进口博览会开幕式上指出，中国将进一步缩减外资准入负面清单，有序扩大电信、医疗等服务业领域开放，中国将修订扩大《鼓励外商投资产业目录》，引导更多外资投向先进制造业、现代服务业、高新技术、节能环保等领域。基于制度型开放内涵，本报告从规则、规制、管理、标准四个维度，构建上海制度型开放水平指标。总体而言，上海制度型开放水平及其四个维度均呈平稳增长趋势，但不同维度存在较大差异，其中，"管理一致性"水平最高，"规则一致性"水平最低，表明上海在知识产权保护、环境规制等领域有待提高。

（一）制度型开放指标构建

构建制度型开放综合指标体系框架。以"规则、规制、管理、标准"为指标体系设计基础，以对标国际高标准经贸规则为主要手段，将"规则、规制、标准、管理"四方面与"国家、政府、行业、企业"四层面一一对应，梳理归纳出"规则一致性""规制一致性""标准一致性""管理一致性"四个一级维度。鉴于CPTPP、RCEP的规章条例是现阶段高标准经贸规则的典型代表，对此进行梳理归纳，将知识产权保护、环境保护、透明度、反腐败、服务贸易、数字经济、国有企业、非国有企业等因素列为二级指标，并采用熵权法构建制度型开放综合指标体系。具体指标如表7所示：

表7　制度型开放综合指标体系框架

一级维度	二级维度	变量选取	
规则一致性	知识产权保护	技术市场成交额与地区生产总值之比	
	环境保护	碳排放	碳排放量
		污染气体排放	二氧化硫排放量
			氮氧化物排放量
			烟（粉）尘、颗粒物排放量
		废水排放	化学需氧量排放量
			氨氮排放量
			总氮排放量
			总磷排放量

（续表）

一级维度	二级维度		变量选取
规则一致性	环境保护	环境规制	工业污染治理投资完成额与第二产业增加值之比
规制一致性	透明度		财政透明度
	反腐败		各省腐败数据
标准一致性	服务贸易	跨境消费	国际旅游（外汇）收入与地区生产总值之比
		商业存在	服务业 FDI 与地区生产总值之比
	数字经济	数字基础设施	互联网宽带接入端口数 互联网域名数 长途光缆线路长度
		数字产业化	手机产量 集成电路产量 微型计算机设备产量 电信业务总量 移动电话年末用户 移动电话交换机容量 软件业务收入 信息传输、软件和信息技术服务业城镇单位就业人数
		产业数字化	企业拥有网站数 有电子商务交易活动的企业数 企业电子商务销售额
管理一致性	国有企业		国有控股工业企业单位数
	非国有企业		非国有经济占工业总产值比重 非国有经济占全社会固定资产投资比重 非国有经济就业人数占城镇总就业人数比重

（二）上海制度型开放水平持续上升，不同开放维度水平存在差异

上海制度型开放水平呈上升趋势，位居全国前列。从图 19 制度型开放总体水平及一级维度水平可以看出，制度开放从 2005 年的

0.12 上升至 2020 年的 0.32，平均水平次于北京、广东和江苏，位居全国第四。分阶段来看，制度型开放水平及其四个一级指标几乎均从 2013 年起出现明显增长趋势，这与中国所采取的更高水平对外开放措施密切相关。2013 年以来，中国陆续分批设立自贸区，上海自贸区居于首批之列，并在 2019 年设立上海自贸区临港新片区。自贸区凭借其制度创新优势在对接高标准经贸规则推进开放、政府职能转变、贸易投资自由化便利化、服务业开放及事中事后监管等方面发挥着重要的拉动作用。

上海制度型开放不同维度发展水平存在较大差异，"管理一致性"水平最高。具体来看，"管理一致性"水平整体表现出增加趋势，但在 2018 年及 2019 年出现下降，可能原因在于，受中美贸易摩擦影响，上海非国有企业遭受较为严重冲击，致使生产规模萎缩，失业人员增加。"规制一致性"水平次之，自 2010 年的 0.21 上升至 2020 年的 0.53。"标准一致性"水平总体呈增长趋势，且变化趋势与制度型

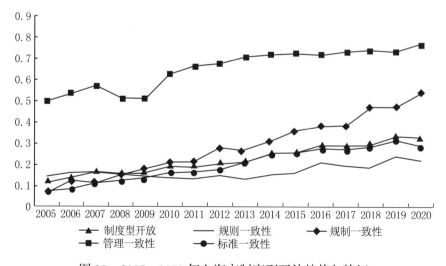

图 19　2005—2020 年上海市制度型开放趋势与特征

开放水平基本保持一致，表明服务贸易和数字经济与制度型开放紧密相关，服务业开放与数字化转型可能成为上海未来制度型开放的内在驱动力。"规则一致性"水平最低，表明上海在知识产权保护与环境保护方面还有待优化，这与其发展模式有关。

二、上海自贸区大力有序推进制度型开放

2013 年 8 月，中国（上海）自贸试验区正式设立，是全面深化改革和构建高层次开放型经济体系的重大战略举措。2020 年 8 月 20 日，习近平总书记在扎实推进长三角一体化发展座谈会上指出，要继续做好上海自贸区临港新片区建设工作，充分发挥试验田作用，要抓好上海国际金融中心建设，支持长三角和全国经济高质量发展。

上海自贸区助推上海国际贸易发展，但在国际投资与金融业开放方面仍需提升。根据图 20 所示，从对外贸易来看，上海自贸区进口贸易、出口贸易及贸易总额均呈增长态势。自贸区总贸易额由 2013 年的 1134.33 亿美元增加至 2019 年的 2151.45 亿美元，增长近一倍，进口贸易呈现快速上升趋势，从 2013 年的 839.3 亿美元上升至 2019 年的 1500.08 亿美元，占上海总进口额比重由 35.39% 增加至 50.87%。在国际投资方面，外商直接投资合同金额和实到金额均呈现明显的阶段性特征。其中，外商直接投资合同金额在 2015 年以前呈快速增长，高达 396.26 亿美元，占上海总金额的比重为 67.23%，2015 年以后呈现大幅下降趋势。外商直接投资实到金额在 2017 年前呈上升趋势，达到 70.15 亿美元，占上海总外资额比重为 41.25%，此后出现微弱的下降态势。在金融开放方面，上海自贸区跨境人民币

结算总额占上海总额比重呈下降趋势，但规模总体呈增长态势，由
2016 年的 11518 亿元增加至 2021 年的 53411.8 亿元，为上海跨境人
民币收付量创造了 1/3 以上份额。

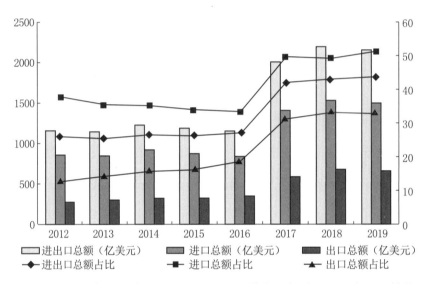

图 20　2012—2019 年上海自贸区进出口总额（单位：亿美元）及占比（单位：%）

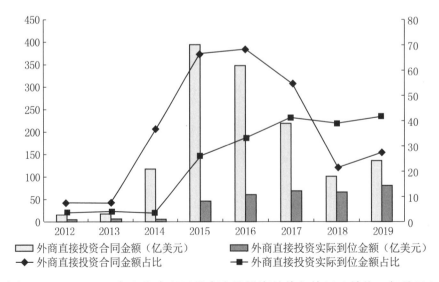

图 21　2012—2019 年上海自贸区外商直接投资趋势与特征（单位：亿美元）

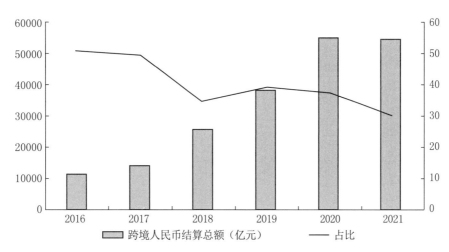

图22　2016—2021年上海自贸区跨境人民币结算总额（单位：亿元）

及占比（单位：%）

数据来源：《上海统计年鉴》

第四节　上海高水平对外开放面临的主要问题

一、贸易主体单一贸易伙伴集中，数字贸易发展不充分

上海出口贸易主体以外资企业为主，数字贸易发展有待提高。一方面，外资企业在上海出口贸易中依然占据主体地位，国有企业和民营企业在出口市场中的份额较低，尤其外资企业以资本密集和技术密集为主，对高新技术行业出口形成垄断，导致国有和民营企业出口产品技术含量不高。另一方面，上海出口贸易产品类型以能耗较高的机电产品等制造业为主，而技术含量较高的高新技术产品出口额较低，出口产品结构仍需进一步优化。此外，上海数字贸易占服务贸易不足50%比重较低，而新加坡和伦敦均已超过一半。同时，上海数字贸易主要以电信、计算机和电信服务以及知识产权使用费为主，而金

融、保险和养老金等新兴业态份额较少。

贸易伙伴集中，面临陷入全球价值链突破提升的挑战。上海贸易伙伴集中于美国、德国、韩国等发达国家和地区，在国际分工背景下，可能陷入"低端锁定"。首先，参与全球价值链分工的上海本土企业，以低成本获取质量和技术含量较高的进口中间品，导致对全球价值链形成过度依赖。其次，进口溢出效应与本土企业技术吸收能力密切相关，上海本土企业人力资本积累水平较低，将无法实现对技术的吸收和转化。再次，上海贸易企业在价值链分工中由低附加值环节向高附加值环节攀升进程中，极易受大型跨国公司的控制，被迫集中于附加值较低的生产加工环节。

二、高质量外资与高能级跨国企业投资有待提升

吸引高质量外资和高能级跨国公司总部存在一定局限。上海外资质量有待进一步提升，跨国公司总部和外资研发中心对上海外资拉动力较弱。首先，上海高质量外资比重偏低，金融、信息服务、文化、医疗等高端外资发展不足。高质量外资规模较低导致产业集聚力不高，在高技术行业和资金稀缺行业尤为凸显。其次，综合性、管理性外资总部机构比例偏低，现有在沪跨国公司总部机构主要为面向中国国内市场的地区总部、外商直接投资性公司和外资研发中心，而面向亚太地区的总部机构占比较低。再次，外资研发中心参与上海科创中心建设不充分。上海在知识产权保护方面存在一定缺陷，导致跨国公司对进一步投资上海持谨慎态度，其中，外资研发机构将采取增资控股等更为严格的技术管控策略以防止技术流失，从而削弱了其对上海

科创中心建设的贡献。

对外直接投资不充分，"走出去"步伐亟待加快。受全球经济下行、结构性问题突出等影响，上海对外直接投资呈现一定的下降趋势。商务部统计数据显示，2020年上海非金融类对外直接投资流量为125.5亿美元，占当年中国非金融类对外直接投资流量的9.4%。2020年上海非金融对外直接投资存量为1364.4亿美元，占当年中国非金融类对外直接投资存量的5.9%。

三、大宗商品定价能力较弱，金融机构行业影响力仍然较小

（一）上海金融开放总体水平有待提高，引领人民币国际化存在"堵点"

上海大宗商品定价的影响力有限，金融市场发展程度亟待提升。首先，国际金融市场对上海市场定价的认可度不高，大宗商品的人民币跨境收付量处于较低水平。相较于国内大宗商品的贸易量和市场需求，期货市场的国际化种类较少，同时，金融衍生品有限，有效的风险对冲工具有待进一步完善。其次，上海金融机构规模较小、盈利较少。上海银行业资产规模、证券公司营业收入、保费收入等均低于纽约、伦敦等国际金融中心，外资银行资产在上海的份额与纽约、伦敦相比还有较大差距。再次，大类金融市场的国际化程度偏低。境外机构在上海发行债券金额较少，占比较低，外资在中国股票市场和债券市场远低于日本、韩国等经济体，同时，资本项目可兑换性不高，在汇率市场影响有限，限制了人民币国际化进程的步伐。

（二）上海跨境金融税负偏高，亟待强化对金融高水平对外开放的认识

与国际主要金融中心相比，上海在跨境金融方面存在企业税负、个人税负较高的现状。一方面，虽然相关政策对出口金融服务项目、同业往来利息等方面明确允许免征税收，但优惠力度有待进一步提高，如大多数发达国家未对跨境贷款合同征收印花税，而上海征收合同金额 0.005% 印花税额，加重了企业税收负担，同时，增值税安排在跨境金融业务中的实际操作存在一定难度。另一方面，上海金融从业人员税负较高，在排除合理的成本抵扣因素之后，个人实际税负依然在全球前列。

四、服务业对外开放度不高，自贸区驱动力亟待发挥

（一）服务业实际开放水平有待提升

首先，总体架构和牵头部门的缺位导致的碎片化问题仍然存在，负面清单管理、事中事后监管、一网通办等各个领域处于零碎修补过程。其次，受限于地方事权，制度供给仍以跟进式为主，缺少因地制宜、因时制宜的突破和改革，主观能动性亟待提高。再次，在知识产权、环境保护、服务贸易、数字经济等制度型开放的重要组成单元的成效尚未显现，市场主体满意度不高。

（二）上海自贸区金融开放对制度型开放的促进效应有待优化

自贸区金融开放政策的有效性与协调性不高，金融开放创新政策与实体经济之间的联动作用不明显，导致上海自贸区金融开放的进程

与市场主体预期存在落差。首先，自由贸易账户资本项目可兑换功能和跨境融资功能并未完全发挥出来，资金周转程序有待简化。其次，金融服务业扩大开放试点力度不强，比如金融业外资在投资主体范围、准入资格、投资额度等方面面临诸多限制。再次，政府职能转变与营商环境改善协同性不足，金融监管和风险监测机制无法适应金融开放新要求。

第五节　上海高水平对外开放的主要对策

一、大力发展数字贸易和服务贸易，促进新贸易与新业态突破式发展

（一）加快企业转型升级，提升企业自主研发创新能力

提升企业自主研发创新能力，实现全球价值链地位提升。第一，有效培育本土跨国领军企业，推动企业转型升级，增强技术吸收能力和抵御外部风险能力，提高核心竞争力，提升出口国内附加值，优化资源配置效率，打破发达国家跨国公司在全球价值链分工中的垄断和控制，着力向价值链高端延伸。第二，依托资源禀赋优势，积极提升上海本土企业生产能力和自主研发水平，建立强大的中间投入品市场，降低对进口中间品的依赖，从数量和质量双重层面满足贸易企业的中间品需求，助力企业参与全球分工中的更多生产环节，进而突破"低端锁定"困境。

（二）大力发展数字贸易，推进国际贸易中心能级提升

把握数字经济发展战略机遇，充分发挥数字平台积极效应。第一，聚焦重点区域打造数字贸易示范区，引领长三角全球数字贸易新高地。坚持服务国内市场和服务国际市场相结合，以国内资源集聚提升服务国际市场的水平，打造联动长三角、服务全国、辐射全球的开放新引擎。第二，依托进博会、数字经济产业园等优势资源，以高质量数字贸易平台推动新型贸易网络建设，从"上海制造"转向"上海智造"，在生产制造、销售管理等环节加大物联网、人工智能、云计算等数字技术的应用，加强内外部数字信息平台建设，地方政府应继续完善数字基础设施建设和布局，在更大范围内提高数字化转型服务供给能力。

（三）抓住服务业开放机遇，打造全球服务贸易高地

对标高水平国际经贸规则，在更高层次扩大高端服务贸易开放。第一，依托上海自贸区、临港新片区、虹桥国际开放枢纽等重大战略载体，推进服务贸易制度创新。聚焦竞争规则、政府采购、知识产权、劳工保护、环境标准等重要核心议题先行先试，对标 CPTPP 等高水平国际经贸规则，重点关注知识密集型服务，在更高层次、更高领域扩大服务贸易开放。第二，RCEP、CAI 框架下中国进一步放宽了服务贸易市场准入，亚太地区和欧盟国家对中国服务贸易开放水平逐渐提升，为上海服务贸易发展创造了新的机遇。上海应积极吸引国际高端服务资源，鼓励新能源、环境保护等具有国际竞争优势的领域更快拓展国际市场，打造具有核心竞争力的服务型企业。

二、发挥科创中心外溢效应，提高引进和吸收外资质量

（一）完善利用外资配套机制，发挥外资在科创中心建设方面的作用

　　加强外资配套保障，突出科技创新的积极作用。第一，设立专项发展基金吸引大型跨国公司和龙头企业在上海投资，支持外资在上海自贸区、临港新片区内和境外发行债券，并将资金回流作为投资本金使用，进而拓宽外资企业在沪融资渠道。第二，提高跨国公司外资研发中心在上海的聚集度，充分发挥其技术外溢效应。支持外国投资者在上海设立开放式研发平台，支持外资研发中心参与本土科研创新计划项目，加强两者的技术交流和合作，并给予配套的资金支持，促进高质量创新要素跨境自由流动，实现全球范围内资源的优化配置。

（二）加强民营企业与外资企业互联互通，培育本土跨国公司总部

　　提高本土民营企业竞争新优势，推动国际与国内生产要素的融合促进。第一，借鉴杭州民营经济发展经验，"以民引外，民外合璧"。积极推动上海本土民营企业与大型跨国公司合作学习，吸收行业龙头企业先进技术、管理经验，更加有效地利用国际国内两个市场、两种资源，实现本土民营企业"走出去"，在全球范围内布局业务网络。第二，在引进高质量外资的同时，培育本土高端生产要素，进一步出台和完善民营企业设立地区总部认定标准的相关政策，简化操作流程，提高行政效率，优化营商环境，为民营企业创造充足且公平竞争的市场发展空间。

三、完善国际金融资产交易平台体系建设，推动国际金融中心能级提升

（一）加快推进资本市场开放，打造具有全球影响力人民币金融资产配置中心

有效发挥科创板积极效应，稳步推动上海国际金融资产交易平台建设。第一，全面实施股票发行注册制，进一步提高上市企业质量，建立健全退市制度，推动上市企业和中介机构各司其职。通过科创板引导社会有效资金流入技术密集型企业，强化科创板促进技术创新和经济高质量发展的作用；推动银行间和交易所债券市场互联互通，简化清算结算程序，提高交易效率。第二，启动跨国公司尤其是在产业链供应链中具有重要地位的跨国公司按照国际规则在国际平台发行存托凭证和股票，补齐一级市场发行短板，依托上海总部经济，面向国际市场，引进合格的境外机构投资者（QFLL）等，吸引更多增量国际资金，建设国际化、现代化、高认可的金融基础设施高地。

（二）持续推进自主的全球清算体系建设，提升金融市场开放的便利性

支持金融市场双向开放，提高入世便利性。第一，完善与人民币跨境支付系统相适应的法律法规，扩大跨境清算系统参与者范围，优化跨境清算效率，提高跨境清算安全性，发挥人民币跨境支付系统主渠道作用和影响力，积极参与国内外跨境支付系统宣传，加强与国际金融基础设施优势互补与互联合作。第二，全面整合直接入市模式下的不同渠道，从准入门槛、投资范围、基础设施安排、跨境资金管理等方面提升便利性。不断完善与更高水平对外开放相适应的制度体

系，加强在市场准入、跨境资本流动等方面与国际规则对接，提高金融市场开放渠道的自由度和便利度。

四、以上海自贸区为契机，推进金融领域制度型开放

（一）构建高效、便利、透明的政府管理体制，打造与国际规则对接的知识产权保护高地

由被动式供给转变为主动式探索，完善知识产权保护制度。第一，创新政府管理体制，争取更多中央权限的下放和特殊授权，扩大上海自主可为空间，构建标准明确、程序简便、权责分明的行政管理体系，设立总体架构和牵头部门，优化事中事后监管模式，提高运行效率。第二，建设高标准知识产权保护，完善知识产权制度体系，将细分权限和责任层层下放，具体到各个部门和领域，避免多重政策"碎片化"重叠。聚焦具有独特专长的行业，着重关注高技术行业，全面细化至产业链供应链安全稳定，避免跨国企业技术阻击，着力解决"卡脖子"问题。

（二）以上海自贸区为抓手，积极推进金融领域制度型开放

进一步推进自贸试验区单边开放，提高金融业开放水平。第一，以上海自贸区为载体，加强与"一带一路"沿线国家和地区的制度和规则对接，以及业务对接和产业合作，服务于"一带一路"建设金融需求，提高人民币跨境支付使用率，推动上海自贸区人民币资本项目可兑换，加快 QDII2 改革，以此作为资本项目可兑换改革的突破点。第二，参照 RCEP、CPTPP，提高金融服务对外开放标准，对允许跨

境交付金融服务的种类实施负面清单管理，适当放松对境外消费等金融服务的认定标准。推动外资机构平等进入国内市场，对高质量外资在中国的商业存在逐步给予国民待遇，鼓励支持境外企业在境内通过发行人民币债券等方式开展融资。

第三章
高水平对外开放下的自贸区制度框架与模式分析

　　国内主要自贸区制度框架呈现一定的共同趋势特征，上海自贸区制度框架成为国内自贸区主要典型制度模式，制度内容注重贸易、航运与投资自由化制度创新，制度框架布局与定位涵盖多个制度创新法律层级，均服务对接国家重大战略需求。海南自由港和临港新片区，成为当前自贸区制度创新的典型模式。与此同时，国内主要自贸区制度框架呈现一定差异特征，自贸区主体构成和法律渊源结构差异明显，自贸区独特试验功能定位存在差异，自贸区服务的国家战略存在显著不同，尤其是负面清单缩减开放方面存在深度领域差异。

第一节 国内主要自贸区制度框架的共同特征 与趋势

一、上海自贸区制度框架成为国内自贸区主要典型制度 模式

上海、广东等先设自贸区"先行先试"的可复制经验，已经以法律修改或新订条例的方式成为全国性法律法规。《中华人民共和国海南自由贸易港法》(下称《海南自由贸易港法》) 的制定表明自贸区的发展有了新的战略定位，形成上海等自贸区立法之外的"特别授权立法"模式。全国人大常委会和国务院双授权下的立法模式，即上海自贸区地方立法路径成为全国多数自贸区的立法模式 (见图 23)，被天津、福建、广东、浙江、四川和湖北等自贸区建设所借鉴。

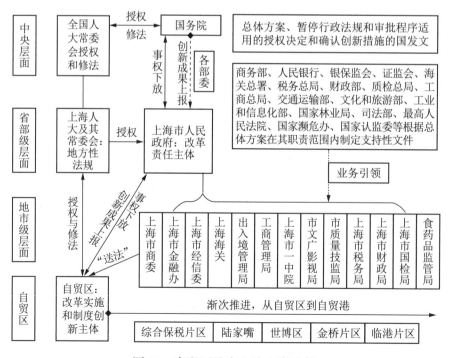

图 23　自贸区地方立法上海路径

二、自贸区制度规则注重贸易、航运与投资自由化制度创新

自贸区已有立法侧重制定更为开放的投资、贸易、金融、服务、技术和人力资源管理体制，激励全球范围的生产要素在自贸区的双向流动。

在投资管理上，以投资开放和投资保护为基本理念，根据国务院的授权探索制定适用于各自贸区的更为开放的特别管理措施。在贸易便利化上，以内外贸一体化为理念，对边境后流通管理措施实施系统性改革，破除阻碍货物流动的体制机制。在行政管理体制方面进一步推进"放管服"改革，公布自贸区管委会和驻区工作机构权责清单的同时，简化梳理市场主体在自贸区准入、设立和营业过程所应履行的各项"合规"程序。

三、自贸区制度布局与定位涵盖多个制度创新层级

在总体定位上，自贸区通过鼓励自贸区先行先试，探索制度创新模式。引导生产要素向重点发展产业集聚，培育法治化、国际化、便利化的营商环境和公平统一高效的市场环境，建立符合国际标准的投资贸易规则体系，形成贸易自由、投资便利、高端产业集聚、金融服务完善、法治环境规范、监管高效便捷、辐射带动效应明显的自由贸易园区。

在总体布局上，自贸区形成涵盖管理体制、投资开放、贸易便利、金融创新、税收管理、综合监管、法治环境等多个方面的制度框

架体系。各项制度法规给予各个自贸区在加快政府职能转变，优化改革管理体制、扩大投资领域开放程度、推动贸易转型升级、完善财政税收优惠、深化金融领域开放创新、建立与国际贸易投资规则相衔接的制度框架和监管模式等方面的指导方向和相关要求。

四、自贸区制度体系均服务对接国家重大战略需求

服务于国家重大战略需求，自贸区制度体系服务推动制度改革创新。围绕上海国际中心和浦东建设发展、京津冀经济带建设、粤港澳合作、面向"东盟"合作和"一带一路"建设等，海南、上海、广东、天津、广西开展行政体制、管理机制、投资、贸易、金融等各领域的改革创新。

在自贸区地方制度改革方面，自贸区制度框架强调深化改革与服务国家战略相结合，给予示范区更多优惠政策。在制度内容上，更多侧重推动金融科技创新，强调环境保护的重要作用，出台更多的人才引进政策，并推动人工智能、大数据、物联网等主导的科技革命和数字化转型。

五、海南自由港和临港新片区，成为当前自贸区制度创新的典型模式

自贸区制度创新趋势侧重"更加灵活高效的法律法规、监管模式和管理体制"。2019年，国务院印发《中国（上海）自由贸易试验区临港新片区总体方案》，目的是建成"具有较强国际市场影响力和竞

争力的特殊经济功能区"。2020 年 6 月，中共中央、国务院发布《海南自由贸易港建设总体方案》，明确要在海南建设高水平的中国特色自由贸易港。

以集成授权立法或总体授权立法的模式推进制度创新，形成对现有自贸区授权立法模式的创新突破。对于海南全岛封关运作探索建立有中国特色的自由贸易港这一系统性改革命题，全国人大常委会于2021 年 6 月颁布《中华人民共和国海南自由贸易港法》。

第二节　国内主要自贸区制度框架的主要差异特征

一、自贸区主体构成有所不同，制度渊源结构存在明显差异

上海自贸区主要是各部委出台的规范性文件，地方立法以地市级层面正式的规章为主，以自贸区"送法"的方式体现，与自贸区管委会协调沟通后各委办局在其职责范围内根据授权进行的正式立法活动，名称是"决定"和"办法"。

广东、天津等自贸区各项方面的政策支持主要以省市内各厅局为主，"立法形式"仍以规范性文件为主。在立法路径上，上海自贸区是以人民政府制定的"管理办法"作为过渡，以人大常委会制定的"条例"作为自贸区的地方"基本法"来构建自贸区地方法规的内容体系。

二、自贸区独特试验功能定位存在显著差异

自贸区授权决定明确规定自贸区的改革试验功能，但是服务的自贸区战略地位存在差异。

从战略地位来看，上海自贸区作为先锋区，"按照先行先试、风险可控、分步推进、逐步完善的方式，把扩大开放与体制改革相结合"。在第二批中，广东自贸区的定位是"全国新一轮改革开放先行地"，天津自贸区的定位是"以制度创新为核心任务，以可复制可推广为基本要求，努力成为全国改革开放先行区和制度创新试验田"，福建自贸区的定位是"充分发挥改革先行优势，把自贸试验区建设成为改革创新试验田"。从第三批开始，所有自贸区的战略定位中都包括"以制度创新为核心，以可复制可推广为基本要求"，湖北、陕西、海南等自贸区还额外强调了"全面改革开放试验田"。

三、自贸区制度创新服务的国家战略显著不同

上海自贸区法律法规主要围绕国家战略要求和上海国际金融中心、国际贸易中心、国际航运中心、国际经济中心建设。天津自贸区在服务京津冀协同发展和经济转型发展中发挥示范引领作用。广东自贸区服务于粤港澳大湾区建设和"一带一路"建设，围绕建设粤港澳大湾区合作示范区展开。广西自贸区以服务"一带一路"建设和中国—东盟开放合作为重点。海南自由贸易港旨在把海南打造成为我国面向太平洋和印度洋的重要对外开放门户。

四、自贸区负面清单缩减开放存在深度领域差异

自贸区立法在负面清单方面存在差异，海南自贸港在负面清单开放方面水平较高。与 2020 年版全国和自贸试验区外资准入负面清单的 33 条、30 条相比，海南自贸港负面清单减少为 27 项，推动主要包括推进增值电信、教育等重点领域开放。与之相比，对于上海、广东、天津、广西等自贸区，2017—2020 年国家连续四年修订全国和自贸区负面清单，外资准入特别管理措施分别由 93 项、122 项减至 33 项、30 项。

自贸区产业开放制度存在行业领域差异。上海自贸区侧重进一步扩大服务业和制造业等领域的开放，广东自贸区重点在金融服务、交通航运服务、商贸服务、专业服务、科技服务等领域取得突破。天津自贸区重点选择现代服务业、装备制造、新一代信息技术等先进制造业领域扩大对外开放。广西自贸区建设面向东盟的大宗商品交易中心、离岸贸易中心、全球采购中心、跨境电商海外保税仓等贸易新业态。海南自由贸易港强调积极发展旅游业、现代服务业、高新技术产业以及热带特色高效农业等重点产业。

第三节　上海自贸区制度创新的主要优化对策

国内主要自贸区制度框架呈现一定的共同趋势特征，上海自贸区成为国内自贸区主要典型模式，制度创新内容注重贸易、航运与投资自由化，但仍然存在诸多差异与问题。如何推动上海自贸区相关制度

的创新突破，主要针对性措施如下：

第一，加强上海自贸区与"一带一路"建设的联动。面对全球不确定性的挑战，上海自贸区应寻求国际合作。通过加强国际合作、拓展外部市场，自贸区能够从全球市场中获得更大的机遇和资源，实现国际间的互利共赢。在贯彻开放发展理念、构建开放型经济新体制的过程中，必须将上海自贸区的建设与"一带一路"建设相结合，在优势产能输出、本土跨国公司对外直接投资方面进一步实现开放战略的升级。此外，自贸区还应加强与其他自贸区的沟通和合作，共同应对全球经济挑战。

第二，统筹服务贸易相关的法规政策，不断创新服务贸易监管模式。首先，需充分发挥国务院服务贸易发展部际联席会议制度的作用，统筹服务贸易相关的法规政策，不断加强服务贸易领导小组对服务贸易工作的领导，为服务贸易发展提供组织保障。其次，不断创新服务贸易监管模式，进一步简化行政审批流程，改革滞后的监管制度，鼓励率先从服务贸易创新发展试点开始，探索有利于服务贸易发展的制度体系，进而向全国自贸区推广。与此同时，在信息时代背景下，未来要充分运用物联网、区块链、人工智能等技术，对服务业的信息化、智能化进行改造与完善，促进跨境电商发展，拓宽服务贸易的市场空间。最后，建立自贸区的人才培养机制，将自贸区企业需求与大学教育相结合，在高校增开与服务业开放相关的课程，实现自贸区人才的定向培养，为自贸区自主创新制度建设提供人才支持。

第三，建立社会信用评价管理体系，构建风险管理体系。一是建立监测管理信息系统。在自贸区，可探索建立"自贸区管理机构—行业主管部门—园区企业"三位一体的监测管理信息系统，对关涉自贸区直接投资、进出口贸易、资金流动、自然人流动、大数据跨境流动等风险较为集中的领域进行重点把控，强化海关货物监管、资本流动监管、跨境套利监管等，联合具有审批和管理权限的政府机构，进行在线化与平台式联合控制风险管理，提高信息的透明度和监管工作的效率。二是建立社会信用评价管理体系。可利用大数据、云计算等技术，将社会信用评价标准进行量化处理，建立自贸区企业和个人社会信用的分值，划分信用等级，对社会信用实施分级管理，形成社会信用评价管理体系，进一步提高自贸区的风险防控能力，完善自贸区的自主创新制度建设。

第四，加强国家层面的立法保障，推动相关制度先行先试。《中国（上海）自由贸易试验区条例》是至今为止试验时间最长、开放经验最丰富、改革力度最大且成功的地方性自贸区法规，其中的很多内容历经实践检验已较为成熟，在全国范围内可成为通行的规范，具备一定的适用性和可行性。可以用该条例为制度基础，制定自贸区法。因此，《中国（上海）自由贸易试验区条例》将会成为未来国家层面的自贸区立法的重要渊源，可将其可复制与推广的内容直接纳入中国自贸区法，不断推进自贸区国家层面的立法保障，为自贸区自主创新制度提供更具权威性的法律保障。

第五，借鉴国外经验，形成与国际投资贸易规则对接的基本制度体系和监管模式。在当前全球经贸规则面临重构压力和经济全球化格局重塑的背景下，我国作为世界第二大经济体，为了提升在全球产业价值链中的分工，迫切需要进一步提高开放水平，全面深化改革，在积极构建开放型经济新体制的过程中需要积极发挥自贸区的重要独特作用，将自贸区作为积极参与国际经贸规则制定、争取全球经济治理制度性权利的重要平台，将加快高水平、高标准自贸区建设作为新一轮对外开放的重点予以实施，与现行国际标准对接，借鉴国外自贸区的先进经验，形成与国际投资贸易规则对接的基本制度体系和监管模式，更好地促进试验区贸易自由化与便利化。

第四章
上海自贸区深化演变特征与趋势

建设自由贸易试验区，在我国改革开放进程中具有里程碑意义。党的二十大报告提出，"加快建设海南自由贸易港，实施自由贸易试验区提升战略"。2013 年 9 月 29 日，中国首个自贸区在上海浦东诞生，开启了"大胆试、大胆闯、自主改"的新探索。自此，我国先后设立 21 个自贸区和海南自由贸易港，形成了覆盖东西南北中的试点格局。从一枝独秀，到开放新"雁阵"，自贸区建设即将迎来十周年。上海自贸区是我国顺应全球经贸发展新趋势，实行更加积极主动开放战略的重大举措，更是在深圳特区建设三十年后我国再次开启以开放倒逼改革试验的重要标志。

第一节　全球典型自贸区代表性模式和制度特征

全球典型自贸区在贸易协定、劳动力量、环境法规、争端解决和协调机制方面存在显著的差异。北美自贸区、欧盟和中国—东盟自贸区是三个具有影响力的地区性经济区域，旨在促进成员国之间的贸易和经济合作。在贸易协定方面，北美自贸区和中国—东盟自贸区都是自由贸易协定，开放贸易市场，幅员辽阔；而欧盟则是建立在共同市场和关税同盟的基础上，具有更高的一体化程度。在劳动力量方面，欧盟在劳动人权方面表现较好，拥有严格的劳动法规，实行较高的最低工资标准和交易工会的权利；中国—东盟自贸区也包括多项劳工条款，要求各成员国保障工人权利；北美自贸区劳动保护法规相对较为薄弱。在环境法规方面，欧盟和中国—东盟自贸区更加重视环境保护，有严格的环保法规和标准，而北美自贸区在这方面则缺乏许多必

表 8　典型自贸区的模式异同

模式	北美自由贸易区（NAFTA）	欧盟（EU）	中国—东盟自由贸易区（CAFTA）
贸易协议	减少和取消关税和贸易壁垒，保护知识产权和投资安全	大幅减少内部贸易壁垒，通过共同的关税制度来保护成员国的共同利益	减少关税和技术性规定障碍、增进投资，打造自由化、便利化的经贸环境
劳工力量	缺乏一套普遍的劳工标准	通过欧洲劳动标准局来协调不同成员国劳动标准的制定	考虑了劳工权利问题，承认了国际劳工组织的劳工标准，保护工人的权利和福利
环境法规	未强制执行环保法规	实行强制性的环保法规，欧盟成员国必须遵守欧洲环境法律	要求各成员国相关政府机构加强环境保护，减少污染，推广可持续发展等
最高机构	北美自由贸易委员会	欧盟委员会	中国—东盟峰会
政治合作	北美自由贸易委员会为解决纠纷提供机制	欧洲议会及其成员国共同管理贸易协议，同样提供纠纷解决机制	所有国家需平等遵守一些共同的规则和规定，并定期举行高级别会议

要的环保政策。在争端解决和协调机制方面，欧盟设有欧洲法院和欧洲议会等机制，能够较好地协调不同国家之间的关系，而北美自贸区和中国—东盟自贸区虽然设有类似于贸易仲裁的机制，但在协调方面还有待提升。

第二节 国内主要自贸区制度深化演变特征与趋势

一、国内自贸区总体深化特征

第一，探索外商直接投资管理体制改革。自贸区是中国外商直接投资管理制度改革的试点和前沿，尝试推出新的管理方式，如实施准入前国家待遇、大幅减少负面清单、深化商事登记制度改革、尝试放宽投资限制等，为中国全面推进对外开放提供了经验。

第二，推动金融领域开放。自贸区积极推动金融领域开放，推行金融创新，建设国际金融市场平台，完善金融监管和防范风险的机制，为我国金融领域的改革和开放积累经验。

第三，建立企业注册便利化机制。自贸区着力打造良好的营商环境，建立企业注册便利化机制，尝试实行"先照后证""一照一码"等理念，改变了以往繁琐的企业注册流程。

第四，推进贸易便利化。自贸区积极推动贸易便利化，鼓励创新贸易方式，革新监管制度，探索推行"单一窗口""放行第一"的监管模式，通关、检验检疫便利化，提高通关效率，缩短进出口货物的通关时间。

第五，推出配套服务政策。自贸区为各类企业提供优惠政策和配套服务，如企业融资、知识产权保护、人才引进、税收政策等，支持企业发展，促进经济增长。

二、国内自贸区制度创新差异

第一，开放行业重点不同。不同自贸区对特定行业的开放和创新侧重不同。例如，浙江自贸区主要关注创新创业、电子商务、物流、人力资本等重点产业、领域的开放和创新。而广东靠近香港和澳门，其自贸区与国际市场接轨的关注度较高。

第二，市场准入政策不同。不同自贸区的市场准入政策也不同。例如，中国（广东）自贸区率先试行了外资股比放宽政策，允许外资控股的比例从50%增至75%。而浙江自贸区实行负面清单管理，将市场准入限制列入清单，其他行业则默认可进入。

第三，贸易便利化政策不同。例如，广东自贸区率先推行了"华南通关一体化"，使得该地区的进口通关时间大幅度缩短；福建自贸区则推出了"一卡通"通关模式，实现了在不同口岸的关键信息互通，助力跨境电商与整合电子商务等领域的发展。

第四，金融创新政策不同。自贸区中的金融创新也有所不同。例如，上海自贸区探索建立了外汇自由兑换试验区、自由贸易账户试点、境内外资金集中管理和"放管服"等一系列金融制度创新和改革探索。而天津自贸区则探索建立了自贸金融服务中心，支持金融创新、服务高端产业。

第五，政府管理模式不同。政府管理方面，各试验区的管理模式也有所不同。例如，上海自贸区推出"一站式服务"改革，推行了投资马上办、授权委托、先予批复等措施；广西自贸区则采用了"云+"管理模式，通过互联网技术实现各类机构协同，数据互通，监管互联等。

三、上海自贸区制度创新特征

上海自贸区是中国自贸区中最早设立的，也是规模最大、影响力最深的试验区之一。相较于其他自贸区，上海自贸区在制度创新方面有以下独特特征：

第一，实验性强。上海自贸区拥有更大的制度创新自主权，可以更灵活地制定政策和试点方案，探索更具有实验性的制度创新模式，进而推动全国范围内的改革开放。

第二，金融创新突出。上海自贸区在金融领域的制度创新引领作用较强，包括金融业对外开放、营商环境改善、金融改革创新等方面。自贸区推动中国金融业的开放步伐，促进了离岸人民币在国际市场的使用，并成为人民币汇率改革的试验田。

第三，贸易便利化领先。上海自贸区在贸易便利化方面制度创新水平较高，并已经在国家范围内成功推广，包括"负面清单"模式、跨境电商政策、保税物流等方面。自贸区将探索的成功经验和试点结果推广到全国范围内，形成了一些具有重要意义的革新和变化。

第四，政府服务水平高。上海自贸区在政府公共服务方面制度创新水平较高，包括政务服务一站式、政务服务"闸口"改革等方面。

自贸区为企业提供较高的政府服务水平，并积极创新服务方式，优化公共服务质量和效率。

第三节 上海自贸区深化特征与趋势

一、上海自贸区深化的特征和趋势

第一，自贸区范围逐步扩大。上海自贸区自 2013 年 9 月正式挂牌运行以来，一直致力于扩大开放，不断加强与国际接轨，提高国际竞争力。自贸区成立初期只有 28.78 平方公里的范围，但随着三版总体方案的实施和临港新片区的增设，现已扩大到 120.72 平方公里，包括陆地、水域和空域等。自贸区范围的不断扩大，使得上海自贸区的功能更加完备，涵盖了海关特殊监管区、陆家嘴金融片区、张江高科技片区、临港新片区等主要功能区域，为更多的企业和投资者提供了更多的机会和空间。

第二，金融改革和创新不断深化。上海自贸区自成立之日起，在金融领域率先开展了试点改革，包括自由贸易账户、跨境投融资便利化和人民币资本项目一体化等重大领域。自贸区通过推行自贸账户管理制度、放宽资金流动限制、设立外资金融机构的子公司、探索利率市场化和汇率自由化、推动跨境资金池和人民币离岸中心的建设等，提高了金融市场的国际化水平，促进了国际贸易发展和投资便利化。在上海自贸区金融改革和开放的支持下，上海国际金融中心得到了快速发展，近年来在全球金融中心指数排名中不断上升。数据显示，截至 2021 年末，上海外资金融机构占比超过 30%，全球排名前 20 位的国际资管机构有 17 家在上海设立主体。这些成果彰显了上海自贸区金融改革与创新的成效，同时也证明上海自贸区已成为一个备受关注的全球金融业开放领域。

第三，市场准入和外资管理进一步放宽。2018 年，上海自贸区聚焦"三区一堡"建设，进行全面深化改革。在市场准入和外资管理方面，上海自贸区采取了一系列措施，进一步放宽了市场准入限制和简化了外资管理程序。其中，上海自贸区率先试点了负面清单管理模式并建成了国际先进的国际贸易"单一窗口"，使得货物通关时间减少三分之一。这些措施吸引了众多外资企业在这里设立投资项目。另外，自贸区内的外资企业还可以享受一系列的优惠政策，如更加便利的注册、资本金和人民币跨境资金流动政策。同时，自贸区还积极试点了一些自贸试验项目，包括一地两检和跨境电商等，为外资企业提供更为便利的投资环境。所有这些措施都为上海自贸区吸引了大量的外商投资，为经济发展带来了积极的推动作用。

第四，贸易更趋便利化。上海自贸区在贸易监管制度方面进行了改革创新，进一步促进了贸易的便利化。通过货物状态分类监管模式的创新，企业能够在同一仓库中存储保税和非保税货物，减少了企业的成本，并提高了通关速度。海关监管模式的创新降低了产品流通成本和时间，同时提高了企业产品贸易的效率。此外，上海自贸区通过检验检疫监管模式的创新，使得进口产品不再落后于国际市场，逐渐与国际市场同步。这些创新极大地促进了上海自贸区内的贸易便利化，吸引了更多企业来自贸区投资和经商。

第五，创新产业和科技驱动快速发展。上海自贸区致力于推动创新产业和科技驱动发展，鼓励引进和培育高新技术企业、研发中心和创新平台。自贸区内不断涌现出金融科技、人工智能、生物医药、新能源等优势产业。在金融科技领域，自贸区已经成为了亚太地区的重要中心之一，吸引了一批金融和科技的跨国公司来自贸区投资和创新。人工智能方面，自贸区正在加快构建"产、学、研、用"一体化的人工智能创新生态系统，为企业提供更加便捷的技术支持和创新服务。在生物医药领域，自贸区引进了大量的高端人才和企业，通过促进技术交流，加速了药物研发和临床试验的进程。同时，自贸区也在新能源领域进行积极探索和应用，在太阳能和电池技术等新能源产业方面取得了不俗的成绩。这些高科技优势产业的兴起，为上海自贸区带来了巨大的经济发展潜力和活力。

二、上海自贸区深化的制度创新

第一，在投资管理方面，负面清单不断缩减。上海自贸区在投资管理方面一直在积极推进市场化、法治化、国际化改革，其中之一就是负面清单的不断缩减。随着时间进展和改革的不断深入，上海自贸区已经多次缩减了负面清单中的限制性条款。例如，2013年试验区刚刚设立时，负面清单中列出了190项限制措施，其后随着多轮负面清单的调整和更新，到2018年时已经将限制措施数量缩减到了45项。2019年版的负面清单深化了限制措施的缩减和开放，其中涉及银行、证券、保险、汽车、航空等多个领域的放宽措施，吸引了更多的外资投资并进入中国市场。负面清单的不断缩减，为上海自贸区的发展提供了更广泛、更深入的开放合作机遇。

第二，在贸易监管方面，"单一窗口"模式在不断地探索与实践。从 2014 年起，上海自贸区的"单一窗口"模式在不断地探索与发展，贸易流程更加优化。所谓"单一窗口"模式，就是指以一个窗口为中心，提供涉外经济管理部门的各项服务，在一个系统中通过信息共享和协同办公等方式实现对海关、检验检疫、外汇、税务等部门的联合监管服务，从而简化了企业在贸易上的审批程序和手续。截止到 2021 年，上海自贸区的单一窗口平台已经覆盖了超过 27 个贸易和服务领域，服务对象已经覆盖超过 22 万家企业。这种模式的实施，大大提高了企业在贸易中的办事效率，并且有效激发市场活力，增强自贸试验区的营商环境和国际竞争力。

第三，在金融服务方面，不断丰富金融创新产品，进一步加强事中事后监管。上海自贸区推动多元化金融服务的发展，支持金融市场综合服务的提供，推出的金融创新产品不断丰富，如试点开放跨境人民币投资管理、金融租赁等业务。上海自贸区还积极推进金融科技的创新和应用，推出智慧银行，推动金融科技生态圈建设，建设数字人民币创新试点，提升金融业的绿色、低碳、高效、智能化水平，深化金融业与实体经济融合发展。为解决在金融监管方面存在的不完善和时效性差等问题，上海自贸区通过实践将事中事后监管模式进行了扩大和改进。试验区在金融服务领域建立了一个完整的金融监管体系，集合了多个权威机构，打造全国领先的金融监管服务中心，实现了对各种金融交易和行为的快速监管，并且形成了主管部门协同监管、多部门联合执法的良好机制。这种监管模式能够及时发现和解决金融风险，为企业提供更加安全、便捷的金融服务，进一步优化了自贸区的营商环境。

第四，在政府治理方面，围绕"放管服"的要求，政府转变自身职能。在简政放权方面，上海自贸区采取多项措施推进政府治理现代化。例如，自贸区设立了"管家式"政府服务中心，提供一体化的服务，避免企业到不同机构办事的繁琐。此外，自贸区还使用了"一网通办"服务，实现了企业在线备案，提高了效率和便利性。另外，自贸区还推动政府部门间数据互通，实现了跨部门联合办公，简化了企业办事手续。各领域的创新开放，主要是围绕"放管服"的要求，使得很多审批流程更加简化便利。在政府职能转变方面，上海自贸区实行了"三重"转变，即"职能转变、作风转变、服务转变"。具体来说，上海自贸区加强了政府自身建设，倡导干部服务理念的转变，推行"互联网＋政务服务"的模式，提高了服务质量和效率。

第五，在法律保障方面，进一步完善行政执法机制。上海自贸区着力加强知识产权的保护，特别是在专利、商标、版权等方面，通过建立多元化的纠纷解决机制和与国际高标准规则接轨，实现对知识产权更加全面、准确、有效的保护。此外，自贸区还积极探索建立国家商事仲裁机构，深化司法保护和行政监管等方面的改革，最大程度地为企业提供法律保护和信任机制，为营商环境持续优化提供有力保障。随着相关法律法规的不断完善，自贸区还通过政策宣传和落地推行，积极培育公平、开放的企业管理环境，吸引更多的外商投资者前来发展，推动了区域经济的持续增长。

三、自贸区深化演变对上海高水平开放的影响

第一，促进了上海与国际市场的对接。上海自贸区的建立已成为

中国对外开放新的窗口，同时加强了上海与全球投资者的联系。上海自贸区不仅拥有便利、高效的投资通道和投资环境，而且拥有成熟的金融体系和高效的物流管理系统，可以极大地提高国内外企业的合作水平和效率。

第二，推动了上海市成为国际金融中心和航运中心的进程。上海自贸区的建立优化了金融和航运领域的管理和监管，并扩大了金融和航运市场。同时自贸区设立了自由贸易账户、跨境资金流动机制、国际结算平台等多项举措，为金融和航运领域提供了诸多实际便利，扩大了上海市在国际金融和航运领域的影响力。

第三，拓展了上海市的贸易领域。上海自贸区大力推进了自由区建设，加速了上海市吸引外国投资和促进贸易自由化的进程。自贸区取消了境内外汇控制，实行了贸易自由、人民币跨境使用等政策，提高了金融以及贸易自由化水平。这些新的自由和服务，可以大大提高贸易便利程度和效率，促进进出口贸易的发展。在自贸区的发展中，贸易工作逐渐向着简易化的方向发展，可以省去中间环节，在一定程度上可以降低贸易交易过程中出现的成本，获取直接的经济效益。

第四，提高了上海市的综合竞争力。上海自贸区的建立和深化演变推进了市场经济化和便利化的进程，加速了上海市的产业升级。上海市通过自贸区的建设，实现了对外资企业的服务和扶持，为投资方提供了更加便利且高质量的服务，与此同时，自贸区的税收优惠政策以及资金支持政策推动了企业的发展。并通过人才引进等政策，提高了上海市的创新水平，提升了综合竞争力。

第四节　主要存在问题

第一，从现状来看，新的全球环境的不确定性带来挑战。首先，鉴于中美贸易冲突不断，国际贸易规则受到了严峻挑战，贸易保护主义行动日益加剧，中国制造业出口受到了压力，这对中国的总体出口造成了不利影响。同时，全球化的进程也为中国带来了一系列压力，例如向发达国家开放服务业等。在这种充满挑战的环境下，全球经济低迷的态势让上海自贸区保持出口导向的增长和持续改革更加困难。其次，气候变化和环境问题已经成为世界范围内的紧迫议题，上海自贸区需要面对各种环境问题，如雾霾、污染等，以维护生态环境和促进可持续发展。再次，全球经济增长放缓和能源价格波动等因素也会带来不稳定性和不确定性，对上海自贸区的产业升级和创新发展造成挑战。

第二，从特征趋势来看，自贸区建设重投资贸易，轻服务贸易。从表9来看，自贸区建设沿袭过去保税区的建设经验，重投资贸易，轻服务贸易。从服务业对外开放来看，自贸区产业开放主要依靠"负面清单"，然而境外人员自贸区执业政策、社会保障政策等相配套的机制尚未建立，"负面清单"外的产业难以落实。此外，"负面清单"中限制类措施数量众多，与外资相关的监管措施审查标准不够清晰，政府自由量裁权过大，不利于外资进入。相比于国外自贸区，我国的服务业开放主要依赖于行政管制，缺乏其他有效的风险防范措施。自贸区管理方式也存在问题，因为大多数服务贸易和投资活动无法限定在地域范围内，一旦出现问题，就会对市场产生较大影响。此外，信息技术迅速更新换代，而"负面清单"更新速度较慢，给市场带来风险。在世界贸易以服务贸易和跨境投资为发展趋势的情况下，如果我国不能接受国际贸易与投资的新规则，就很可能被边缘化。

表 9　上海自贸区与其他自贸区比较

上海自由贸易区	服务业是上海自由贸易区核心产业。未来自贸区将以国际贸易、金融服务、航运服务、专业服务和高端制造五大产业为导向，提升园区服务业比重。在临港地区打造金融、集中保税展示交易中心、文化贸易平台三个板块。
香港	香港具有四大传统支柱产业：金融、旅游、贸易与物流、专业服务。在大力巩固这四大传统支柱的产业基础上，香港近年来积极推动文化及创意产业、创新科技、检测和认证、环保产业、医疗服务、教育服务六项有明显优势的产业的发展，以扩大经济基础。
巴拿马科隆自由贸易区	主要产业为金融、贸易与物流、会展。巴拿马是拉美地区最活跃、最成功的国际金融中心，外资银行及分支机构密集，有一百多家国际银行；重视会展业发展，巴拿马国际博览会（Expocomer）世界闻名；贸易物流业发达，是全球第二大转口站。区内的经营以轻纺、服装、工艺、日用品和家电产品为主。
纽约港自由贸易区	该区以围网分隔封闭，主要功能是货物中转、自由贸易，外国货物出港。区外还设有若干分区，主要功能是进出口加工制造，涉及石化、汽车、饮料、制药、手表等加工业务。
德国汉堡自由贸易区	货物商业性加工、物流（货物集散转运）、船舶建造等是主业，同时金融、保险、商贸、中介等第三产业和服务贸易发展上成效显著。

第三，从制度创新来看，自贸区缺乏国家层面的立法保障。根据《立法法》，只有国家立法机关才能制定海关、财政、税收、外经贸、外汇等政策。虽然中央政府批准了现有的自贸区，但是自贸区的法律地位却是由地方政府立法确定和地方政府规章支持的。这种制度存在多方面问题，不仅影响了自贸区的自主创新和日常工作效率，还会影响自贸区法律规范的稳定性和有效性。此外，过于倚重地

方性立法容易导致法律适用冲突和地方保护倾向，限制法律的规范性和科学性。外商直接投资管理的法规和制度也需要完善，虽然自贸区的外商直接投资负面清单管理模式以及一系列创新改革举措已经实施，但是当前我国的"外资三法"却滞后于这些进展，一些体制机制的难点问题难以得到系统性推进和解决，统一立法工作迫在眉睫。

第四，从对上海高水平开放支撑不足来看，上海自贸区溢出效应有限，与高标准国际准则存在较大差距。尽管自 20 世纪 80 年代以来，上海通过各种经济特区吸引了外国直接投资，但从上海涌现出来的具有高度创新能力的中国企业并不多，尤其是在高科技领域，外国公司仍然占据着主导地位。以新兴数字经济领域的创新能力为例，尽管上海具备人力资本、金融和区位等优势，但仍然落后于北京、深圳和杭州等城市。

上海自贸区开放程度虽然相较国内其他地区更高，但与国际标准相比仍存在差距。一方面，协同监管方面与国际标准差距明显。贸易便利化需要海关、质检、工商、税务、外汇等多个部门协同合作，需要统一而兼容的数据标准及相应的基础设施、国际数据的无缝对接。目前自贸区无法做到这一点，一些创新举措只能提升各自部门内部的效率，落实不到全局。另一方面，标准流程和工作机制也达不到国际标准。例如，自贸区的单一窗口功能相较国际标准还有较大差距，主要表现在合作部门的数量和功能较少、法规欠缺、数据源未接轨国际等方面。类似的，负面清单目录等也需要与国际标准接轨以更好地适应全球化贸易体系。

第五节　研究结论与对策

一、研究结论

通过归纳总结全球典型自贸区代表性模式和制度特征，进一步对比分析国内各自贸区制度创新差异，笔者发现，上海自贸区制度创新具有实验性强、金融创新突出、贸易便利化领先、政府服务水平高等独特特征。

上海自贸区深化发展的特征和趋势，主要表现为：第一，自贸区范围逐步扩大。上海自贸区面积从成立初期的 28.78 平方公里，经过两度扩容后达到现在的 120.72 平方公里，为更多企业和投资者提供了更多的机会和空间。第二，金融改革和创新不断深化。上海自贸区在金融领域的自由贸易账户、跨境投融资便利化、人民币资本项目一体化等重大领域率先开展试点改革，加快对标国际标准。第三，市场准入和外资管理进一步放宽。上海自贸区通过聚焦"三区一堡"建设，实施"单一窗口"、负面清单管理模式，进一步放宽市场准入限制和简化外资管理程序。第四，贸易更趋便利化。上海自贸区通过贸易监管制度方面的改革创新，使得自贸区内的贸易更加便利。第五，创新产业和科技驱动快速发展。上海自贸区着力推动创新产业和科技驱动发展，鼓励引进和培育高新技术企业、研发中心和创新平台。

上海自贸区建设仍存在一些问题，主要表现为：第一，从现状来看，新的全球环境的不确定性给上海自贸区的发展带来挑战。经济逆全球化、大国博弈加剧、贸易保护主义等诸多不稳定因素复杂交织，在这种充满挑战的环境下，上海自贸区保持出口导向的增长和继续改革的轨道将更具难度。第二，从特征趋势来看，自贸区建设仍存在重投资贸易、轻服务贸易的现象。当前世界贸易以服务贸易和跨境投资为发展趋势，倘若上海自贸区不重视服务贸易的发展，则可能会失去竞争优势。第三，从制度创新来看，自贸区缺乏国家层面的立法保障。这将无法保证自贸区法律实施适用的权威性和科学性。第四，从对上海高水平对外开放支撑不足来看，上海自贸区溢出效应有限，与高标准国际准则存在较大差距。一方面，协同监管方面与国际标准差距明显；另一方面，标准流程和工作机制仍达不到国际标准，这都会影响上海自贸区在开展国际贸易时的效率。

二、主要对策

第一，赋予自贸区改革更大自主权，激发制度创新内生动力。加大对各部门相关事项的赋权强能，尽快解决自贸区制度创新法治不协调、权责不对等、管理不规范等问题。同时，放权不放松审查标准，强化事中事后监管。将容错纠错机制纳入法律体系，明确改革创新激励保障和容错纠错条款，给予各部门足够的空间进行创新和优化，坚持先立后破、不立不破。强化自上而下的授权管理体制的顶层设计与指导同自贸区自下而上的制度创新探索之间的联动一体推进。此外，各部门应秉持踔厉奋发、笃行不怠的信念，就全局性、前瞻性、关键性问题持续大胆地谋划改革，为发展寻创新，做到"致广大而尽精微"。

第二，加强系统整体协同创新，放大制度创新赋能合力。以加强系统性、整体性、协同性为原则，打破部门职能分工界限，打通层级和部门壁垒，统筹各领域各部门资源要素和政策措施，强化信息共享和业务协同，高效率联动创新，避免出现制度创新"孤岛"现象。注重整体谋划，在明确分工和机制措施、守住不发生系统性风险底线的前提下，推动重点制度、支撑制度与保障制度的综合性改革试点。加强纵向联动与横向协同，从事物发展的全过程、产业发展的全链条、企业发展的全生命周期出发谋划设计改革，推动多方面、多领域、多层次制度体系的突破性再造和衔接配套，实现改革创新"善作善成"。

第三，加强国际合作、拓展外部市场。自贸区可以从全球市场中获得更大的机遇和资源，实现国际间的互利共赢。上海自贸区应与"一带一路"倡议相结合，促进区域合作，加速区域间发展的步伐。一方面可以更好地促进核心节点间贸易自由化与便利化，打通沿线国家与上海的产业链，促进合作，并形成更加强大的经济实力；另一方面还可以为沿线国家和地区提供更加全面的金融服务，同时也有利于拓展中国金融机构的海外市场。

第四，注重产业发展领域创新，加快释放改革发展红利。以产业发展为主导，通过创新制度性要素供给，以集群化发展塑造产业根植力，以市场化创新注入产业原动力，以高效化项目增强产业爆发力，以协同化提升高端产业在全球供应链产业链的竞争力，构建稳链、强链、补链、延链"四位一体"的产业链稳健发展生态，加快建设具有国际竞争力的现代产业体系。上海自贸区还应基于优势特色产业，量身定制一揽子政策制度，建立健全向上争取（国家）、直接获取（省级）、自主推进（地方）的制度创新工作推进机制。

第五，加快对标高标准国际经贸规则，率先推进制度型开放。围绕自贸区加大开放压力测试，建立常态化的跨部门联席会议制度，定期出台指导意见或鼓励性目录清单，统筹开放和安全。加快出台和推广统一的自贸区跨境服务贸易负面清单，探索"既准入又准营"的服务贸易制度，推进服务业领域内外标准对接。持续深化海关特殊监管区域建设、跨境资本流动、国际商事仲裁、数字贸易等重点领域的制度创新。积极对标 RCEP、CPTPP、CAI、DEPA 等高标准国际经贸规则，切实加快我国制度型开放步伐。

第五章
全球自贸协定重点领域深化特征

    加快建设自贸区，既是中国全面深化改革开放的内在要求，也是应对全球经贸环境恶化的必然选择，更是中国参与全球经济治理、提高制度性话语权的重要途径。全球自贸协定不仅在数量上快速增长，涉及议题范围也在持续扩展规则深度不断提升。适时加快推进中国高标准全球自贸区建设步伐，需要从中国已有自贸协定的有效升级、新签自贸协定的有序推进、不同自贸协定的深度融合、与国内自贸区的有机对接等方面齐头并进。本文聚焦于全球 FTA 重点领域深化的异质性特征与趋势，分析重点领域突破拓展中存在的问题，并基于此提出我国 FTA 重点领域深化的中国范本及对策，以此实现高标准自贸区建设和高水平 FTA 签订升级的协同推进。

第一节　全球自贸协定重点领域深化特征

    随着全球经贸体系的深刻调整，FTA 深化趋势显著，FTA 水平深化与垂直深化特征凸显，议题范围和规则深度不断提升，条款覆盖范围从边境外措施不断向边境内措施延伸，甚至超越 WTO 现有框架，体现为从 WTO+ 领域向 WTO-X 领域的突破拓展。具体来看，FTA 深化主要聚焦于数字贸易、金融开放、科技创新、投资和环境重点领域条款深化，表现为条款类型、条款类别、子条款和细分条款等内容的签订与升级，条款数量和条款质量不断提升，对于重构国际贸易规则和世界经济格局具有十分重要的意义。

一、FTA 数字贸易领域深化特征

从 FTA 数字贸易领域深化的总体特征来看，数字贸易条款签订一直呈显著上升趋势。FTA 深度条款下包含了数字贸易条款类型、子类别和子条款，共计 185 个协定包含 FTA 数字贸易条款。如表 10 所示，在 1995—2017 年间国家对层面上存在深度 FTA 数字贸易条款的无条件

表 10　FTA 深度数字贸易条款的缔结状况

Panel A		
时间跨度：1995—2017 年	样本量	占比
未签有 FTA 数字贸易条款的国家对	1926068	94.8000%
签有 FTA 数字贸易条款的国家对	105696	5.2000%
Panel B		
时间跨度：2017 年	样本量	占比
未签有 FTA 数字贸易条款的国家对	82784	91.9800%
签有 FTA 数字贸易条款的国家对	7216	8.0200%

注：依据世界贸易组织的"深层协定"数据库"深层条款"统计得出，下表如无特殊说明，统同。

概率仅为 5.200%，到 2017 年，国家对层面上存在深度 FTA 的无条件概率为 8.020%，从世界范围来看，数字贸易条款签订上升趋势显著。

　　FTA 数字贸易领域条款深化体现为电子商务、数据流动、数字贸易服务及数字知识产权条款类型的异质性深化，条款分布存在显著差异。基于 FTA 数字贸易深度条款，本章参考 TAPED 数据库，基于"深度协定"数据库分类筛选数字贸易相关条款，从 FTA 深度数字贸易条款类型领域、条款类别与条款内容异质性三个方面，构建 FTA 深度数字贸易异质性条款指标体系。与 TAPED 数据库相比，本章对条款的细分程度进行了拓展，具有显著的数据与样本优势，从 90 条数字贸易条款拓展至 144 条。从数字贸易深度条款内容来看，主要包括以下四大类型。首先，电子商务条款代表了全球数字贸易规则的前沿，包括 WTO 框架电子商务规则补充条款、通过简化网上交易流程促进数字贸易的规则，以及数字流动相关规定。其次，FTA 中涉及的数据流动条款，具体是指电子商务条款外的数据流动条款。再次，专门针对服务部门而设立的数字贸易条款。最后，数字知识产权相关条款主要包括以电子形式存储的版权和相关权利、技术保护措施和信息管理权限等。其中，四种类型包括不同数字贸易类别：数字贸易服务条款包括服务和国有企业领域下的 6 个类别，电子商务条款包括贸易自由化、政府采购、竞争政策、技术贸易壁垒和投资领域的 5 个类别，数字知识产权条款包括知识产权领域下的 7 个类别，数据流动条款包括资本流动领域下的 4 个类别。

　　FTA 数字贸易领域深化主要聚焦于数字贸易服务条款和电子商务条款类型的条款覆盖与拓展。从表 11 来看，FTA 深化纳入了更多的数字贸易规则，成为当前全球数字贸易规则多边治理的主要模式。从数字贸易条款类型来看，数字贸易服务条款和电子商务条款的FTA 覆盖较为充分，如电子商务条款下的贸易自由化、技术贸易壁垒类别涉及的 FTA 数量分别达到 248 个和 230 个，但数字知识产权条款和数据流动条款涉及的 FTA 较少，如数字知识产权条款下的 7

表 11　数字贸易条款类型与分布

四种类型	数字贸易条款类别	子条款数量	FTA 数量
数字贸易服务条款	服务：协议结构	9	140
	服务：实质性的学科	21	143
	服务：例外	4	142
	服务：保障机制	3	50
	服务：争端解决	3	138
	国有企业：目标和约束的覆盖	1	112
电子商务条款	贸易自由化	28	248
	政府采购	13	74
	竞争政策	5	154
	技术贸易壁垒	34	230
	投资：技术合作和能力建设	2	30
数字知识产权条款	知识产权：加入 / 批准现有国际 IP 协议	1	14
	知识产权：透明度	2	3
	知识产权：商标（TMs）	1	16
	知识产权：域名	1	14
	知识产权：数据保护 / 保护秘密信息	5	33
	知识产权：版权和相关权利	3	30
	知识产权：执法	3	28
数据流动条款	资本流动：自由转移	1	81
	资本流动：资格自由转会规则——其他异常	1	0
	资本流动：一般例外	1	82
	资本流动：纠纷解决适用于资本流动	2	56

个类别 FTA 覆盖数量都未超过 50 个。由此可见，全球数字贸易服务
条款和电子商务条款的深化程度已处于较高水平，未来需寻求数字知
识产权条款和数据流动条款的进一步深化。

　　全球数字贸易条款类别深化呈现显著的领域集聚性，而中国同全
球整体相比表现为明显的集聚性差异。从图 24 和图 25 来看，全球
FTA 覆盖较多的数字贸易条款类别主要是技术贸易壁垒、政府采购
和贸易自由化，而中国 FTA 数字贸易条款主要聚焦于服务、资本流
动及贸易自由化。

二、FTA 金融开放领域深化特征

　　FTA 金融开放领域条款深化表现为投资条款、资本流动条款、

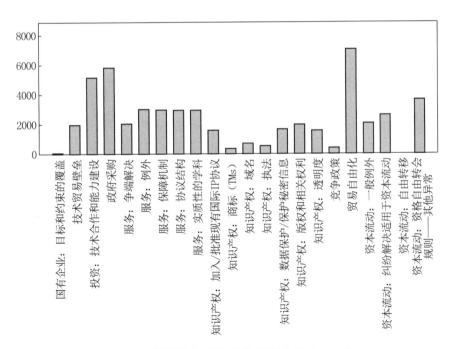

图 24　世界数字贸易条款类别分布（2017）

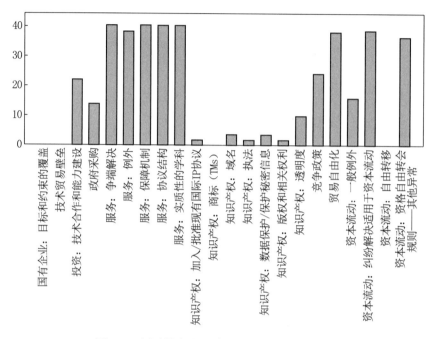

图 25 中国数字贸易条款类别分布（2017）

注：依据世界贸易组织的"深层协定"数据库"深层条款"统计得出，下图如无特殊说明，统同。

技术贸易壁垒条款与知识产权条款类型的异质性深化，存在不同条款类型间和条款类型内部的 FTA 覆盖差异性与条款内容分布异质性，主要聚焦于投资条款与资本流动条款深化。针对 FTA 金融科技领域条款深化，我们将该领域的条款分为四种类型，投资条款、资本流动条款、技术贸易壁垒条款与知识产权条款。其中：（1）投资条款包括提供投资环境、促进投资自由化、提高投资保护以及促进投资便利化；（2）资本流动条款包括促进资本自由流入流出、提供免费转会的保障和审慎措施；（3）技术贸易壁垒条款包括 WTO 的 TBT 协定角度促进技术标准一致和合格化；（4）知识产权条款从商标、域名、专利、数据保护等方面提高协议的标准化和透明度。以上四种类型，可以进一步总结归类为促进金融领域发展的投资条款和资本流动条款，以及促进科技发展的技术贸易壁垒条款和知识产权条款。金融科技领域深度条款涵盖34个技术贸易壁垒条款、39个投资条款、22个知识产权条款、39个资本流动条款共134个细分条款，包括39个子条款，10个条款类别，4个条款类型。

表12　金融科技条款类型及分布

四种类型	条款类别	金融科技子条款内容	细分条款数	FTA 数量
投资条款	范围和定义	投资的定义	5	83
		投资者的定义	4	86
		否认的好处	1	56
		条约的范围	2	60
		保诚分离	1	7
	投资自由化	投资自由化的国民待遇	1	72
		最惠国	2	86
		性能需求	1	11
		高级管理层和董事会	1	70
		不可减损	1	30
		调度和预定	2	44
	投资保护	投资保护的国民待遇	8	71
		征用和补偿	5	71
		保护伞条款	1	6
		代位权	1	10
	投资促进	监管权	1	6
		技术合作及能力建设	2	47
资本流动条款	资本流动自由	转账自由	6	94
		资本流入	4	91
		资本流出	7	79

四种类型	条款类别	金融科技子条款内容	细分条款数	FTA 数量
资本流动条款	免费转会	广泛排除	4	71
		保障措施	13	97
		审慎措施	3	96
		争议解决	2	77
技术贸易壁垒条款	WTO TBT	TBT 协议	3	139
		标准	6	65
		技术法规	6	81
		合格评定	7	194
	争端解决	评论相关期限	2	70
		区域争端解决机构	4	124
		政策与援助	6	38
知识产权条款	现有国际IP 协议	加入/批准现有国际 IP 协议	2	41
		透明度	2	15
	知识产权	商标 (TMs)	1	6
		域名	1	0
		专利	1	12
		数据保护/保护秘密信息	4	23
		版权和相关权利	3	18
		执法	8	69

三、FTA 科技创新领域深化特征

FTA 科技创新领域条款深化表现为技术转让、技术合作、研发与创新以及知识产权保护条款类型的异质性深化，存在不同条款类型间和条款类型内部的 FTA 覆盖差异性与条款内容分布异质性，条款细化程度最深的是知识产权保护条款类型，FTA 覆盖率较高的条款类型主要包括技术转让和研发与创新。基于世界贸易组织发布的"深度协定"数据库，本章在服务业、环境法、国有企业、公共采购、技术性贸易壁垒、资本流动、卫生与植物检疫、补贴、贸易便利化与海关、劳动市场监管、投资、签证与庇护、专利与知识产权共12个领域下，选取145个创新要素跨境流动相关条款，构建FTA创新要素深度指标。本章创新要素跨境流动相关条款划分为四种类型：技术转让条款包括12个细分条款，技术合作包括23个细分条款，研发与创新包括10个细分条款，知识产权保护包括100个细分条款。其中，由于创新人员的流动大多依赖于技术转移，包含具备经验和知识的技术人员流动和研发人员流动，因此将创新人员的流动纳入技术转让和技术合作指标。同时，由于创新资金的流动大多是用于研发当中，因此被纳入研发与创新指标中。

表 13　FTA创新要素条款类型及分布

条款类型	创新要素条款类别及子条款	细分条款数量	FTA数量
技术转让	环境法：外部援助	1	81
	公共采购：程序纪律	1	71
	服务：争端解决	4	121
	服务：实质性学科	2	138
	国有企业：特殊和差别待遇	1	2
	补贴：特殊和差别待遇	1	15
	技术性贸易壁垒	1	172
	贸易便利化和海关	1	77
技术合作	劳动力市场监管：劳务合作	1	59
	签证和庇护：自然人流动（WTO额外）的范围和类型	7	30

（续表）

条款类型	创新要素条款类别及子条款	细分条款数量	FTA 数量
技术合作	签证和庇护：便利自然人（WTO 以外）流动	9	69
	签证和庇护：移民目标	1	43
	签证和庇护：例外和限制	5	71
研发与创新	投资：征收与补偿	1	89
	投资：技术合作 / 能力建设	1	42
	资本流动：免费转让	2	148
	资本流动：涉及资金外流的交易	1	88
	资本流动：脱离保障措施	1	7
	补贴：实质性纪律	4	58
知识产权保护	知识产权：加入 / 批准现有国际知识产权协定	15	42
	知识产权：版权及相关权利	8	33
	知识产权：生物多样性与传统知识	1	25
	知识产权：执行	23	62
	知识产权：其他	4	85
	知识产权：将现有的国际知识产权协议（几乎）全部纳入	3	73
	知识产权：国民待遇	2	38
	知识产权：透明度	4	28
	知识产权：商标	13	28
	知识产权：地理标志	7	43
	知识产权：域名	1	14
	知识产权：国名	1	14
	知识产权：专利	14	43
	知识产权：工业设计	3	39
	公共采购：程序学科	1	49

四、FTA 投资领域深化特征

FTA 核心目标在于规范和促进协定区域内各种投资活动，实现较 WTO 框架下更大程度的投资自由化和规范化，FTA 投资领域深化聚焦于投资促进、投资自由化、投资保护和投资便利化条款类型的异质性。针对 FTA 投资条款深化目的与领域，本章将投资条款分为四种类型：投资促进、投资自由化、投资保护、投资便利化。（1）投资促进包括投资环境与投资服务，为投资者在领土内投资创造有利环境，并可能提供设立、清算、投资促进方面的咨询服务；[1]（2）投资自由化强调对外商直接投资进入尽可能地减少禁止类和限制类的准入门槛；（3）投资便利化与投资保护，强调外商进入后尽可能提高管理和服务效率，提供更优质的保障。[2]

FTA 投资领域深化存在不同条款类型间和条款类型内部的 FTA 覆盖差异性与条款内容分布异质性，条款细化程度最深的是投资促进和投资保护条款类型，FTA 覆盖率较高的条款类别主要包括范围和定义、争端解决。依据"深度协定"数据库，FTA 深度投资异质性条款包括六大类别：范围和定义、投资自由化、投资保护、社会和监管目标、制度架构及透明度、争端解决。如表 14 所示，六类投

---

[1] 具体包括影响政府外资政策与相关法规的制订与修正、针对特定目标进行投资促进活动、提供顾问咨询服务，在条款分类中包括了社会和监管目标、范围和定义两大类别。

[2] 投资便利化规则具体包括投资措施的透明度和可预测性、行政程序和要求的精简和加快、国际合作和发展等要素。投资措施的透明度和可预测性是投资便利化框架的核心，对帮助投资者了解他们即将进入的市场、投资程序以及扩大投资至关重要。行政程序和要求的精简和加快是投资便利化举措的另一重要支柱，涉及政府如何处理投资监管的问题。在条款分类中包括了制度架构及透明度、争端解决两大类别。

资条款类别下分别有 5 个、6 个、6 个、2 个、2 个和 3 个子条款，每个子条款下有对应的细分条款。包含细分条款数量较多的子条款内容有投资的定义、投资者的定义、投资保护的国民待遇、征用和补偿、社会监管目标，分别涵盖 5 个、5 个、8 个、5 个和 7 个细分条款，而争端解决类别下的三个子条款都只有 1 个细分条款。从投资子条款涉及的 FTA 数量来看，各个子条款的 FTA 分布具有一定的差异性。截至样本末期，总计 111 个已生效的 FTA 涵盖了投资条款，包含范围和定义条款类别的 FTA 达到 110 个，投资自由化类别和投资保护类别 111 个，社会和监管目标类别 99 个，制度架构及透明度类别 88 个，争端解决类别 108 个。几乎所有涵盖投资条款的已生效 FTA 都包含了投资的定义、投资者的定义、投资保护的国民待遇、国与国之间的争端解决和磋商机制等子条款。但保诚分离、不可减损、保护伞条款、技术合作和能力建设、制度框架 / 委员会等子条款涵盖的 FTA 数量仅有 34 个、19 个、9 个、20 个和 28 个。

表 14　FTA 投资条款分布状况

四种类型	投资条款类别	子条款内容	细分条款数	FTA 数量
投资促进	范围和定义	投资的定义	5	110
		投资者的定义	5	110
		否认的好处	1	76
		条约的范围	2	93
		保诚分离	1	34
	社会和监管目标	社会和监管目标	7	99
		技术合作和能力建设	2	20

（续表）

四种类型	投资条款类别	子条款内容	细分条款数	FTA 数量
投资自由化	投资自由化	投资自由化的国民待遇	1	97
		最惠国	2	90
		性能需求	1	74
		高级管理层和董事会	1	71
		不可减损	1	19
		调度和预订	2	102
投资保护	投资保护	投资保护的国民待遇	8	111
		征用和补偿	5	90
		武装冲突或冲突时的保护	3	88
		转移	1	66
		保护伞条款	1	9
		代位权	1	63
投资便利化	制度架构及透明度	制度框架 / 委员会	1	28
		透明度	3	83
	争端解决	国与国之间的争端解决	1	105
		投资者—国家争端解决方案 (ISDS)	1	85
		磋商机制	1	105

从 FTA 投资领域条款深化的总体特征来看，FTA 投资条款签订增长显著。WTO+ 深度条款下包含了投资条款及投资条款的子类别和子条款，具体覆盖情况如表 15 所示。总体来看，国家对层面上存在深度 FTA 投资条款的无条件概率仅为 4.88%，但 2017 年国家对层面上存在深度 FTA 的无条件概率为 26.09%，从世界范围来看，FTA 逐步覆盖深度 FTA 投资条款的趋势十分显著。

表 15　FTA 投资条款的缔结状况

Panel A		
时间跨度：1958—2017 年	样本量	占比
未签有 FTA 投资条款的国家对	520590	95.120%
签有 FTA 投资条款的国家对	26730	4.880%
Panel B		
时间跨度：2017 年	样本量	占比
未签有 FTA 投资条款的国家对	6742	73.910%
签有 FTA 投资条款的国家对	2380	26.090%

五、FTA 环境领域深化特征

FTA 环境领域条款深化主要表现为 30 个条款类别的异质性深化，覆盖子条款较多的条款类别主要包括环境法、动植物卫生检疫、原产地规则。为了构建 FTA 深化的环境深度条款指标，参考《巴黎协定》等协定文本对环境规则的划分，利用世界银行"深度协定"数据库，从环境法、动植物卫生检疫、技术贸易壁垒、原产地规则、补贴、出口限制、公共采购、国有企业、投资 9 个领域下筛选出共 197 个环境相关子条款以及 30 个环境条款类别，构建出本文的 FTA 环境深度指标。其中，补贴有 1 个子条款，出口限制 9 个，公共采购 5 个，国有企业 1 个，投资 2 个，环境法 48 个，技术贸易壁垒 34 个，动植物卫生检疫 59 个，原产地规则 38 个。

从环境条款各类别的子条款分布来看，各类别的子条款细化程度差异性较明显，子条款数量较多的环境条款类别主要集中在环境法、动植物卫生检疫、原产地规则和技术贸易壁垒领域。"环境法：一般环境保护区域"和"环境法：MEA 合规"类别下的子条款分别达到

11 个和 16 个，"动植物卫生检疫：审议 / 控制检查"和"动植物卫生检疫：透明度要求"子条款数量都为 10 个，与之相比，公共采购领域下的两个类别分别仅有 3 个和 2 个子条款。

从环境条款各类别的 FTA 分布来看，环境法、动植物卫生检疫、技术贸易壁垒和原产地规则等领域的 FTA 覆盖较为充分，如环境法下的环境和贸易 / 投资目标平衡、执行机制涉及的 FTA 数量分别达到 212 个和 188 个，但补贴、出口限制、公共采购等领域涉及的 FTA 较少，如出口限制领域下的 2 个类别的 FTA 覆盖数量都未超过 20 个，甚至"补贴：实质性规定"类别的 FTA 数量仅为 2 个。由此可见，全球环境条款的深化程度已处于较高水平，未来需寻求出口限制、公共采购、投资等新型环境条款领域的进一步深化。

表 16　FTA 深度环境条款内容及分布

环境条款类别	子条款数量（个）	FTA 数量（个）
一、补贴：实质性规定	1	2
二、出口限制：出口产地来源证	7	13
三、出口限制：农业例外	2	10
四、公共采购：非歧视待遇	3	12
五、公共采购：新议题	2	10
六、国有企业：规则覆盖及例外	1	10
七、投资：社会和监管目标	2	10
八、环境法：环境目标	5	128
九、环境法：环境和贸易 / 投资目标平衡	7	212
十、环境法：执行机制	4	188
十一、环境法：外部援助	1	56
十二、环境法：一般环境保护区域	11	76

（续表）

环境条款类别	子条款数量（个）	FTA 数量（个）
十三、环境法：MEA 合规	16	62
十四、环境法：参与促进环境目标	4	48
十五、技术贸易壁垒	34	201
十六、动植物卫生检疫：参照 WTO 的 SPS 规定	4	144
十七、动植物卫生检疫：标准	9	104
十八、动植物卫生检疫：风险评估	4	80
十九、动植物卫生检疫：审计/控制检查	10	80
二十、动植物卫生检疫：透明度要求	10	125
二十一、动植物卫生检疫：章节和规定	1	189
二十二、动植物卫生检疫：机构	11	123
二十三、动植物卫生检疫：深化成员国合作	3	113
二十四、动植物卫生检疫：MRAs	1	8
二十五、动植物卫生检疫：其他	6	86
二十六、原产地规则：证书	8	198
二十七、原产地规则：验证	3	195
二十八、原产地规则：累计	7	163
二十九、原产地规则：价值含量估算方法	13	201
三十、原产地规则：其他方面	7	177

WTO+ 深度条款下包含了环境条款以及环境条款的子类别和子条款，总体来看，全球 FTA 环境条款签订呈显著上升趋势。如表 17 所示，在 1977—2017 年之间，国家对层面上存在深度 FTA 环境条款的无条件概率仅为 5.85%，到 2017 年，国家对层面上存在深度 FTA 环境条款的无条件概率为 9.99%，从世界范围来看，深度 FTA 环境条款的签订上升趋势十分显著。

表 17　FTA 深度环境条款的缔结状况

Panel A		
时间跨度：1977—2017 年	样本量	占比
未签有 FTA 环境条款的国家对	3324644	94.1500%
签有 FTA 环境条款的国家对	206707	5.8500%
Panel B		
时间跨度：2017 年	样本量	占比
未签有 FTA 环境条款的国家对	81012	90.0100%
签有 FTA 环境条款的国家对	8988	9.9900%

第二节　自贸协定重点领域深化存在的问题

基于世界银行的"深度协定"数据库和中国自贸区服务网的协定数据，本书分析了自贸协定五个重点领域深化的异质性特征及趋势，并从中比较分析了现阶段 FTA 重点领域突破拓展中存在的问题，为进一步的高标准 FTA 谈判升级提供方向。

第一，在数字贸易领域，从全球的发展趋势来看，数字贸易服务和电子商务深化条款的数量庞大，而数字知识产权和数据流动条款的发展水平仍较低。目前国内的数据流动条款发展较快，且发展水平较高，自 2007 年至 2017 年垂直子条款数量增多了将近一倍。而数字服务贸易与电子商务仅与全球平均水平持平，但发展速度较快，其中技术贸易壁垒的深化水平在 10 年间提升了超 200%。

第二，在金融开放领域，整体来看，知识产权条款的深化处于初级阶段，在商标、域名、专利等子条款中的数量均很少。投资条款的深化水平仍较低，仅与少部分国家达成了一定数量的条款，与欧洲、

表 18　中国协定层面垂直深度

协定名称	贸易便利化	出口关税	反倾销	反补贴税	技术贸易壁垒	政府采购	知识产权	资本流动	投资
亚太贸易协定	0	0	1	1	0	0	0	0	0
中国—东盟	4	8	3	1	0	0	0	34	37
中国—智利	12	14	3	19	12	1	6	1	0
中国—巴基斯坦	6	2	3	18	9	1	5	37	19
中国—新加坡	11	9	5	12	11	0	0	41	36
中国—新西兰	23	10	5	16	10	0	6	38	36
中国—秘鲁	26	20	6	12	11	0	0	47	26
中国—哥斯达黎加	25	11	5	20	8	0	12	31	0
中国—瑞士	23	8	5	29	8	3	13	30	0
中国—冰岛	22	8	3	33	8	3	7	23	0
中国—澳大利亚	0	12	3	35	0	2	29	31	0
中国—韩国	0	15	13	51	0	4	45	47	0
世界平均水平	12.79	9.08	10.05	37.98	6.04	14.57	10.55	17.38	10.41

协定名称	环境保护	劳动力市场	国有企业	补贴	移民	动植物卫生检疫	服务	竞争政策	原产地规则
亚太贸易协定	1	1	0	15	0	3	0	7	76
中国—东盟	6	0	19	16	0	18	0	7	316
中国—智利	5	3	0	10	0	20	0	7	649
中国—巴基斯坦	3	0	0	9	0	16	0	9	48
中国—新加坡	4	0	20	14	0	20	0	8	679
中国—新西兰	7	9	14	15	9	26	0	9	72
中国—秘鲁	12	5	14	13	10	22	0	13	638
中国—哥斯达黎加	4	1	0	12	0	22	0	8	636
中国—瑞士	14	10	20	16	0	21	0	12	636
中国—冰岛	6	0	20	12	0	13	0	13	636
中国—澳大利亚	3	1	11	14	16	24	0	9	39
中国—韩国	17	1	23	11	12	13	0	25	737
世界平均水平	7.90	2.80	12.00	11.80	3.82	7.46	0.00	12.92	750.58

澳大利亚等地区国家，则很少有该类型的条款达成。同样，国内在知识产权领域的发展也尚有不足，与中国达成条款深化的国家多为发达国家，发展中国家则少之又少；但近年来其发展十分迅速，在近10年中条款数量增加了近七倍。

第三，在科技创新领域与投资领域，研发与创新、投资便利化这两类条款的细分条款数较少，大部分均只细分了1条子条款，这表明其具有很大的深化拓宽潜力。具体到中国来看，中国在这两个领域的发展都存在不足，以投资领域为例，在2007年至2017年，该领域的垂直子条款数量仅由近390条增加至约450条，与其他领域相比，增长速度缓慢，亟待重点突破与拓展。

第四，在环境领域，新型环境条款领域如补贴、出口限制、公共采购等的条款深化仍处于较低水平。中国的情况与此类似，在公共采购领域，我国与大部分国家均没有达成深化条款，但在近年来实现了

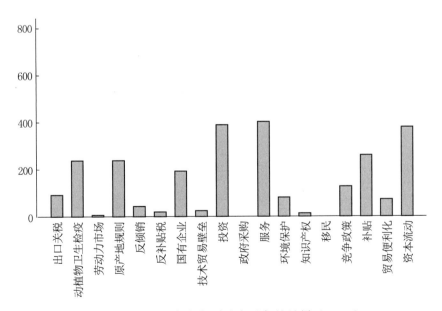

图26　中国双边分类别垂直子条款总量（2007）

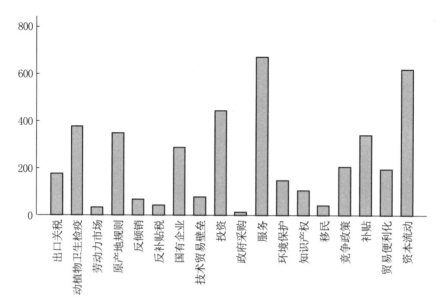

图 27　中国双边分类别垂直子条款总量（2017）

由 0 开始的快速增长。而在别的领域如环境法、动植物卫生检疫、原产地规则等，中国的深化条款则远超世界平均水平，且处于稳定增长阶段。

第三节　自贸协定重点领域深化的主要对策

为了实现中国高标准 FTA 的谈判升级，尤其是构建重点领域深化的中国范本，本节基于 FTA 重点领域深化的异质性特征趋势以及现阶段 FTA 重点领域突破拓展中存在的问题，提出如下对策建议：

首先，针对中国 FTA 数字贸易条款的深化战略，中国应加快数字服务贸易、电子商务等条款的深化拓展。目前使用范围较大的欧美数字贸易规则模板与中国模式之间的矛盾突出，中国应积极对标

DEPA 等国际高标准数字贸易条款范式，通过 FTA 深化尽可能整合当前数字贸易规则立场的分歧，比如适度引入包含源代码保护内容的数字知识产权规则等。此外，在深化条款的同时，要注重针对 WTO-X 领域和边境后数字贸易核心条款的突破与创新实践，并积极寻求与数字贸易重点进口国及 RCEP 成员 FTA 重订升级。在 WTO-X 框架下积极纳入消费者保护、数据保护、信息社会、中小企业等边境后措施条款，有利于为我国创造更加自由和便利的贸易环境，并加入 CPTPP 等高水平 FTA，从而充分发挥 FTA "第三方效应" 网络效应，为数字贸易出口提供公平、便利、可持续的制度保障。

其次，针对金融开放领域，中国 FTA 战略深化应着重增强投资、知识产权和技术贸易壁垒等领域的条款细化，实现深度条款的垂直深化。具体来看，在投资条款中提高自由度，提供更为稳定的投资环境和更高水平的监管，从而为金融科技提供更多的资金来源，推动产业蓬勃发展。在知识产权条款中对新兴数字技术等产业提供更高层次的版权保护，激励企业进行金融科技技术创新。尤其是在投资、知识产权等领域，寻求与新的伙伴国签订更高标准的 FTA，推动亚洲区域贸易与投资的融合发展，特别是中国与日韩及东盟地区的投资转移与区域内贸易发展。

再次，在科技创新领域，要着重促进 FTA 创新要素条款的垂直深化，全面提升跨境创新要素流动的制度保障。为推动更高水平对外开放，中国应在制度型开放中积极深化关于人员、资金、技术等方面的条款，积极参与制定创新政策与技术转让规则，团结世界其他国家发展共同伙伴关系，提高对于专利和知识产权的监管与保护，为中国打造集技术、创新、灵活与技术监管健全于一体的世界形象。

进一步，中国应重视推进 FTA 投资深度条款的垂直深化，以高水平对外开放促进高质量对外直接投资。为增强投资领域的条款细化，不仅要重视投资深度条款覆盖范围的扩大，更要强调对某些存在漏洞的领域进行垂直深化，尤其要以投资便利化和投资自由化领域为重点，重点推进投资便利化类型中制度架构及透明度、争端解决方案与磋商机制等子条款的深度谈判，提高 FTA 深度条款的透明度和规制力，拓宽负面清单的范围和领域。具体而言，可通过签署备忘录形式细化和补充投资便利化条款，对原有协定投资条款的某些领域进行深化，如规范投资规则文本措辞、推进"准入前国民待遇加负面清单"模式转变、加快制定服务贸易负面清单、重视例外条款的设置，以及提高投资争端解决程序的透明度等，通过实现协定之间更多子条款内容的深度融合，构筑更加完善的负面清单法律支撑体系，形成多边投资便利化框架的"中国范本"的实践方案。在此基础上，以高标准 FTA 投资规则系列实践，全面提升中国国际投资规则制定中的话语权与影响力。如依托"一带一路"平台合作备忘录或者协议，推进与缔约国在政治、要素流动和研发合作领域的投资条款深化；积极参与 UNCITRAL 第三工作主持的投资者—国家争端解决改革讨论等，从而为全球投资规则重塑贡献中国经验，构建更高开放水平的自贸区网络。

最后，中国要立足当前国情，推动中国 FTA 环境条款的深化。具体来说，一方面，在环境议题章节，在概括性条款中积极明确多边环境协定关系，在实体性条款中提出我国可接受的环境条款设定标准，在程序性条款中积极构建比较完备的公众参与机制，并采用磋商、调解等软性手段解决争端。另一方面，基于 FTA 深化契机，扩大与缔约国的环境合作领域的范围，最大程度上扩展同发达国家在公共采购、出口限制等的环境条款合作范围，避免发达国家以碳泄漏等为借口发起气候争端与制裁。

第四节　主要结论和对策

一、主要结论

基于全球自贸协定重点领域深化的异质性特征趋势，以及重点领域突破拓展中存在的问题，研究发现：

第一，在数字贸易领域，从 FTA 数字贸易领域深化的总体特征来看，数字贸易条款签订一直呈显著上升趋势。从全球发展趋势来看，数字贸易服务和电子商务深化条款的数量庞大，而数字知识产权和数据流动条款的发展水平仍较低。目前国内的数据流动条款发展较快，且水平较高，自 2007 年至 2017 年垂直子条款数量增多了近一倍，而数字服务贸易与电子商务仅与全球平均水平持平，但发展速度较快，其中技术贸易壁垒的深化水平在 10 年间提升了超 200%。全球 FTA 覆盖较多的数字贸易条款类别主要是技术贸易壁垒、政府采购和贸易自由化，而中国 FTA 数字贸易条款主要聚焦于服务、资本流动以及贸易自由化。

第二，在金融开放领域的四类条款中，FTA 金融开放领域条款深化表现为投资条款、资本流动条款、技术贸易壁垒条款与知识产权条款类型的异质性深化，存在不同条款类型间和条款类型内部的

FTA 覆盖差异性与条款内容分布异质性，主要聚焦于投资条款与资本流动条款的深化。整体来看，知识产权条款的深化处于初级阶段，在商标、域名、专利等子条款中的数量均很少。投资条款深化的水平仍较低，仅与少部分国家达成了一定数量的条款，而与欧洲、澳大利亚等地区国家，则很少有该类型的条款达成。同样，国内在知识产权领域的发展尚有不足，与中国达成条款深化的国家多为发达国家，发展中国家则少之又少；但近年来其发展十分迅速，在近 10 年中条款数量增加了近七倍。

第三，在科技创新领域与投资领域，FTA 科技创新领域条款深化表现为技术转让、技术合作、研发与创新以及知识产权保护条款类型的异质性深化，存在不同条款类型间和条款类型内部的 FTA 覆盖差异性与条款内容分布异质性，条款细化程度最深的是知识产权保护条款类型，FTA 覆盖率较高的条款类型主要包括技术转让和研发与创新。相比之下，从 FTA 投资领域条款深化的总体特征来看，FTA 投资条款签订增长显著，投资领域深化聚焦于投资促进、投资自由化、投资保护和投资便利化条款类型的异质性，存在不同条款类型间和条款类型内部的 FTA 覆盖差异性与条款内容分布异质性，条款细化程度最深的是投资促进和投资保护条款类型，FTA 覆盖率较高的条款类别主要包括范围、定义、争端解决。整体来看，研发与创新、投资便利化这两类条款的细分条款数较少，大部分均只细分了 1 条子条款，这表明其具有很大的深化拓宽潜力。具体到中国层面来看，中国在这两个领域的发展都存在不足，以投资领域为例，在 2007 年至 2017 年，该领域的垂直子条款数量仅由近 390 条增加至约 450 条，与其他领域相比，增长速度缓慢，亟待重点突破与拓展。

第四，在环境领域，总体来看全球 FTA 环境条款签订呈显著上升趋势，FTA 环境领域条款深化主要表现为 30 个条款类别的异质性深化，覆盖子条款较多的条款类别主要包括环境法、动植物卫生检疫、原产地规则。从环境条款各类别的 FTA 分布来看，环境法、动植物卫生检疫、技术贸易壁垒、原产地规则等领域的 FTA 覆盖较为充分。新型环境条款领域如补贴、出口限制、公共采购等条款的深化水平较低。中国的情况与此类似，在公共采购领域，我国与大部分国家均没有达成深化条款，但在近年来实现了由 0 开始快速增长。而在其他领域如环境法、动植物卫生检疫、原产地规则等，中国的深化条款则远超世界平均水平，且处于稳定增长阶段。

二、对策建议

为了实现中国高标准 FTA 的谈判升级，尤其是构建重点领域深化的中国范本，基于 FTA 重点领域深化存在的问题，主要针对性措施建议包括以下几个方面：

第一，针对中国 FTA 数字贸易条款的深化战略，中国应加快数字服务贸易、电子商务等条款的深化拓展。目前使用范围较大的欧美数字贸易规则模板与中国模式之间的矛盾仍在，中国应积极对标 DEPA 等国际高标准数字贸易条款范式，通过 FTA 深化尽可能整合当前数字贸易规则立场的分歧，比如适度引入包含源代码保护内容的数字知识产权规则等。此外，在深化条款的同时，要注重针对 WTO-X 领域和边境后数字贸易核心条款的突破与创新实践，并积极寻求与数字贸易重点进口国及 RCEP 成员 FTA 重订升级。在 WTO-X 框架下积极纳入消费者保护、数据保护、信息社会、中小企业等边境后措施条款，有利于为我国创造更加自由和便利的贸易环境，并申请加入CPTPP等高水平FTA，从而充分发挥FTA"第三方效应"网络效应，为数字贸易出口提供公平、便利、可持续的制度保障。

第二，在金融开放领域，中国FTA战略深化应着重增强投资、知识产权和技术贸易壁垒等领域的条款细化，实现深度条款的垂直深化。具体来看，在投资条款中提高自由度，提供更为稳定的投资环境和更高水平的监管，从而为金融科技提供更多的资金来源，推动产业蓬勃发展；在知识产权条款中对新兴数字技术产业等提供更高层次的版权保护，激励企业进行金融科技技术创新。尤其是在投资、知识产权等领域，寻求与新的伙伴国签订更高标准的FTA，推动亚洲区域贸易与投资的融合发展，特别是中国与日韩及东盟地区的投资转移与区域内贸易发展。

第三，在科技创新领域，要着重促进FTA创新要素条款垂直深化，全面提升跨境创新要素流动的制度保障。为推动更高水平对外开放，中国应在制度型开放中积极深化关于人员、资金以及技术等方面条款，积极参与制定创新政策与技术转让规则，团结世界其他国家发展共同伙伴关系，提高对于专利和知识产权的监管与保护，为中国打造集技术创新灵活与技术监管健全于一体的世界形象。

第四，中国应重视推进FTA投资深度条款的垂直深化，以高水平对外开放促进高质量对外直接投资。为增强投资领域的条款细化，不仅要重视投资深度条款覆盖范围的扩大，更要强调对某些存在漏洞的领域进行垂直深化，尤其要重视投资便利化和投资自由化领域，重点推进投资便利化类型中制度架构及透明度、争端解决方案、磋商机制等子条款的深度谈判，提高 FTA 深度条款的透明度和规制力，拓展负面清单的范围和领域。具体而言，可通过签署备忘录形式细化和补充投资便利化条款，对原有协定投资条款的某些领域进行深化，如规范投资规则文本措辞、推进"准入前国民待遇加负面清单"模式转变、加快制定服务贸易负面清单、重视例外条款的设置，以及提高投资争端解决程序的透明度等，通过协定之间更多子条款内容的深度融合，构筑更加完善的负面清单法律支撑体系，形成多边投资便利化框架的"中国范本"的实践方案。在此基础上，以高标准 FTA 投资规则系列实践，全面提升中国国际投资规则制定中的话语权与影响力。如依托"一带一路"平台合作备忘录或者协议，推进与缔约国在政治、要素流动和研发合作领域的投资条款深化；积极参与 UNCITRAL 第三工作主持的投资者—国家争端解决改革讨论等，从而为全球投资规则重塑贡献中国经验，构建更高开放水平的自贸区网络。

第五，中国要立足当前国情，推动中国 FTA 环境条款深化。具体来说，一方面，在环境议题方面，在概括性条款中积极明确多边环境协定关系，实体性条款提出我国可接受的环境条款设定标准，程序性条款积极构建比较完备的公众参与机制，并采用磋商、调解等软性手段解决争端。另一方面，基于 FTA 深化契机，扩大与缔约国的环境合作领域的范围，最大程度上扩展同发达国家在公共采购、出口限制等的环境条款合作范围，避免发达国家以碳泄漏等为借口发起气候争端与制裁。

第六章
上海自贸区重点领域深化特征与趋势

　　自贸区重点领域深化发展，对上海高水平对外开放有着重要的现实意义。习近平总书记在 2022 年第五届中国国际进口博览会开幕式上指出，实施自由贸易试验区提升战略，加快建设海南自由贸易港，发挥好改革开放综合试验平台作用。十年来，上海自贸区在投资贸易自由化便利化、金融服务实体经济、政府职能转变等领域进行了有效探索，推出了一批高水平制度创新成果，建成了一批世界领先的产业集群，向世界亮明了"中国开放的大门只会越来越大"的鲜明态度。上海自贸区在数字贸易、金融开放、科技创新与投资等重点领域实施制度创新，形成了自贸、监管、税收和金融等多方面的改革试点示范，对推动上海打造高水平对外开放高地，尤其是自贸区提升战略的深入实施形成有效助力，有利于对标高标准国际经贸规则，提升企业国际核心竞争力，有利于充分运用国际国内两个市场、两种资源，在开放合作中实现经济"质升量增"。

第一节　上海自贸区重点领域深化的理论机制

上海自贸区重点领域的制度创新深化，对于国际数字贸易发展、高质量对外直接投资、创新驱动发展战略实施及双碳战略等，具有极其重要的现实价值。

一、自贸区数字贸易与金融开放领域的深化影响

上海自贸区提升战略，注重数字贸易与金融领域的制度创新深化，有助于驱动数字贸易与金融资本流动，提升要素跨境流动便利化。

注重优化自贸区数字贸易制度创新，有助于全球数字资源的集聚，提升数字贸易各领域开放度。一方面，上海自贸区拥有打造具有全球影响力、资源配置力和创新驱动力的数字贸易龙头企业的制度优势，通过集聚一批引领数字贸易发展、具备价值链整合能力的数字跨国公司，促进培育一批国际竞争力强、发展潜力大的独角兽创新企业，推动建成若干具有较强辐射和带动作用的创新创业、交易促进、合作共享等功能的平台。另一方面，自贸区数字贸易制度创新，聚焦新模式、新业态，打造云服务、数字内容、数字服务、跨境电子商务等基础好、潜力大、附加值高的特色领域，率先试点开放，培育数字贸易持续增长的核心竞争力。此外，还有助于完善数字贸易要素流动机制，探索形成高效、透明、便利的跨境数据流动体系。在保护知识产权、保护个人隐私等方面加快探索与国际通行规则接轨的数字贸易监管举措，在数据流通、临港新片区新型国际贸易发展与上海国际贸易中心建设

数据安全、网络监管等方面形成具有上海特色的监管体系。

注重优化自贸区金融开放制度创新，有助于构建面向国际的金融交易平台，进一步推动金融开放。上海自贸区金融创新开放措施，诸如资本项目可兑换、人民币跨境使用、外汇管理体制改革、金融业开放等，促进金融开放的成效显著，这些新政策涉及降低服务业对外开放门槛、扩大资本账户重点功能范围、简化人民币跨境资金管理程序、推进部分金融产品定价市场化及探索外汇管理改革措施等诸多方面，为推进更高层次的贸易投资便利化创造了良好的外部环境。从直接效应角度，上海自贸区内通过利率市场化、贸易便利化、人民币跨境使用、FT账户、资本项目开放、外汇管理改革等金融创新与开放政策，大幅提升了人民币结算量、双向投资额，进而提高资金使用和配置效率等，达到了直接推动金融业发展的目的。从间接效应角度，通过实施金融创新与开放政策，还可以达到改善贸易结构，促进产业升级，集合形成区域内的政府机构、第三方服务机构及企业搭建信息共享网络的区域产业链，促进企业集聚效应的作用。

二、自贸区科技创新与投资领域的深化影响

上海自贸区提升战略，驱动投资领域和科技领域制度创新深化，制度优势的引领通过促进要素自由流动、优化营商环境和促进对外贸易等，有效推动地区经济增长。

深化自贸区科技创新制度，一方面，通过作用于企业融资结构、营运能力、盈利能力等影响企业创新，有助于提升创新驱动力、优化产业结构以及提升产业发展质量；另一方面，自贸区科技创新制度深

化，对自贸区内生产性服务企业进口所需机器、设备等予以免税，简化企业通关手续，降低贸易成本，极大促进了企业在自贸区内开展出口贸易，促进技术流通，有效降低企业成本，促进企业开展技术创新。此外，科技创新制度深化优化服务业开放模式，聚焦创新人员实施相关优惠政策和措施，加快相关专家的引入，简化文化访问者的签证程序，降低相关费用并加强培训、交流和指导等活动，进而促进文化与科技的进步，全面扩大服务业对外开放水平。

对于投资领域而言，一方面，从要素流动角度来看，深化自贸区科技创新制度，通过明晰正面清单向负面清单的转变对投资领域的界定，有利于资本流动。负面清单的实施有利于促进服务业资本的跨国投资，意味着贸易壁垒的下降，开放程度的提高，它清楚地表明了哪些产业是外国投资者可以投资的，哪些产业是外国投资者不能投资的，有利于投资者制定投资策略，提高投资效率，进而促进投资自由化。另一方面，从营商环境来看，自贸区通过提升政府治理水平和完善区域金融创新开放体系，能够加速高水平贸易便利化体系和投资管理体系的形成。

第二节　自贸区重点领域深化的异质性特征

一、数字贸易与金融开放领域深化内容

上海自贸区数字贸易领域制度创新，聚焦跨境电商、商事制度、海关通关等方面，打造"数字贸易国际枢纽港"。自 2013 年上海自贸

区成立以来，各批次自贸区深入数字产业化和产业数字化创新，共形成约 68 项制度创新成果，其中集中复制推广的有 43 项。《中国（上海）自由贸易试验区临港新片区管理办法》指出新片区发展跨境数字贸易、创新跨境电商服务模式，鼓励跨境电商企业在新片区内设立国际配送平台。

在跨境电商方面，上海自贸区发展跨境数字贸易，鼓励设立国际配送平台。通过推出"跨境通"，为国内消费者提供国外商品导购和交易服务，同时为跨境电子商务企业进口提供基于上海口岸的一体化通关服务。例如，知名电商亚马逊已落户自贸区，建立了自己的物流仓储平台。

在商事制度方面，上海自贸区采用单一窗口"一口式"办理。2013 年 10 月 1 日，上海自贸区企业准入"单一窗口"正式上线，通过自贸区网上服务平台联通互联网和各部门业务网，实现电子信息的实时推送和共享，大大简化了企业办事流程，大幅缩短了企业在准入阶段的办事时间。

在海关通关改革方面，上海自贸区通过简化通关手续，提升企业通关效率。在境外货物入区流程上，企业可以办理"先入区，后报关"，企业仅需要根据舱单向海关办理简要申报，就可以凭提货单先提货入区，而且自贸区允许企业货物分批次进出，在政策规定的实效内集中报关，从而大大提高了通关效率。

在检验检疫改革方面，上海自贸区创新"采信第三方"。创新"采信第三方"，就是进出口货物的检查从法定检查延伸到由国家认同的第三方机构的检测结果来放行货物。临港新片区将加快新型基础设施建设，构建安全便利的国际互联网数据专用通道，实现国际互联网数据跨境安全有序流动。全力打造国际最高标准、最好水平的世界级信息基础设施标杆，推动区内工业数据、贸易数据、金融数据跨境流动试点。

表 19　上海自贸区与临港新片区投资、贸易和金融政策对比表

原上海自贸区	临港新片区
投资自由化	
1. 外资准入开放特别措施 2. 负面清单管理、一口受理 3. 境外投资备案制度 4. 商事登记制度改革、简化注销流程 5. 支持国际知名商事争议解决机构入驻	1. 重点领域准入开放，开放力度更大 2. 负面清单管理、一口受理（适用自贸区负面清单） 3. 境外投资备案制度 4. 商事主体登记确认制度 5. 境外知名仲裁机构及争议解决机构可设立业务机构，在国际商事、海事、投资等领域开展仲裁业务
贸易便利化	
1. 海关综合监管模式的创新 2. 国际贸易"单一窗口"管理和货物分类监管 3. 发展总部经济 4. 发展跨境电子商务 5. 创建大宗商品交易平台和大宗商品现货交易市场 6. 创设平行进口制度 7. 探索融资租赁物登记制度 8. 建立检验检疫风险分类监管综合评定机制	1. 海关综合监管模式的创新 2. 国际贸易"单一窗口"管理和货物分类监管 3. 吸引总部型机构集聚 4. 促进跨境电商发展 5. 设立洋山特殊综合保税区 6. 促进资本技术密集型服务贸易发展
金融自由化	
1. 自由贸易账户 2. 跨境人民币支付 3. 自贸区内企业境外融资的便利性 4. 外汇管理制度改革 5. 自贸区内利率自由化探索 6. "一带一路"金融服务功能	1. 自由贸易账户（探索资本自由流入流出和自由兑换） 2. 跨境人民币支付（简化流程） 3. 自贸区内企业境外经营投资的便利性 4. 金融业对外开放 5. 跨境发债、跨境投资并购和跨境资金集中运营等跨境金融服务 6. 设立全球或区域资金管理中心

　　上海自贸区金融领域制度创新的体系可以汇总为"1+4"体系。其中，"1"是创新有利于风险管理的账户体系，"4"是指探索投融资汇兑便利、扩大人民币跨境使用、稳步推进利率市场化与深化外汇管理改革（见表20）。上海自贸区金融领域制度创新，可以扩大上海自贸区银行业、证券业、保险业对外开放水平，支持境外中央银行和国际金融组织在上海自贸区设立代表处或分支机构，支持管理规模靠前、投资理念先进、投资经验丰富的跨国资管在自贸区设立外资资管区域总部，支持开展实质性业务的外资机构在自贸区设立融资租赁公司。此外，在金融开放创新领域，上海自贸区推出"分布式共享模式实现'银政互通'"，通过规范数据接口，实现银行与相关政府部门专线联通，拓展基于银政信息实时共享的服务项目，提高业务办理效率。

表20　上海自贸区建设金融开放制度框架

制度框架	投资管理体制	两版负面清单
		外商直接投资、境外投资：备案管理
		企业准入："单一"窗口
		企业登记：注册资本认缴制
		服务业扩大开放：283项目落地
	贸易监管制度	海关：23项监管服务创新
		国际贸易"单一窗口"受理平台
		货物状态分类监管
	金融制度改革	人民币跨境使用、利率市场化先行先试
		87家持牌金融机构、约3000家金融服务机构进驻
		上海国际能源交易中心、国际黄金交易中心成立
	政府职能转变	企业年度报告公示、经营异常名录制度
		自贸区信息共享与服务平台
		反垄断审查制度

自贸区适用目前现行有效的自贸区负面清单（2020 年版），由 37 条减至 30 条。负面清单呈现服务业重点领域开放进程加快、制造业农业准入放宽、自贸区继续先行先试等特征，但是与美国 BIT 范本仍然存在较多的差距（具体见表 21）。

表 21　《美国 BIT 范本》与上海自贸区负面清单比较

《美国 BIT 范本》与负面清单比较			
类别	内容	《美国 BIT 范本》负面清单	上海自贸区负面清单
投资	投资定义	广义定义：主要有 8 种形式	狭义定义：主要指外国投资
	投资过程	"准入前 + 准入后"国民待遇	准入前国民待遇
功能	行为主体	缔约方政府	东道国主动开放
	表现形式	国际条约（双边投资贸易协定的附件）	政府文件（上海市政府公告）
	功能作用	缔约国双边投资保护	外商直接投资产业指导
	法理依据	缔约方法律法规；习惯国际法	国内法律法规
内容	具体内容	国民待遇、最惠国待遇、业绩要求、高级管理人员和董事会	国民待遇、不合业绩要求、高级管理人员和董事会等
范围	产业门类	涵盖所有国民经济产业门类	限定 18 个产业门类（不包括社会组织和国际组织两大门类）
	空间范围	缔约方领土：可行使主权或管辖权的任何区域	上海自贸区（28 平方公里）
调整	调整空间	空间小：基本不允许新增或加严限制	空间大：若干年调整一次，允许新增或加严限制

二、科技创新和投资领域深化内容

上海自贸区科技创新领域制度创新，以制度创新和金融改革，力促贸易便利化，进而提升企业创新驱动力。

一方面，针对科技创新人员从业自由，大力推动实施多项吸引海内外人才的政策。缩短新片区居住证转办常住户口年限，对符合条件的人员实行居住证专项加分；允许境外人员参加职业资格考试；给予工作便利，视情形可免予办理或一次性给予2年以上外国人来华工作许可。提高外籍人才通行和居留便利。优化上海自贸区外籍高层次人才、外籍华人申办永久居留机制。为上海自贸区企业聘雇的外籍人才提供人才口岸签证申请便利。完善"金才"系列服务工程，为金融人才在健康管理、子女就学、居住等方面提供支持服务。

另一方面，针对科技创新基础设施和税收优惠。如表22所示，借鉴发达国家地区科技创新制度模式，注重推动加快5G、云计算、物联网等信息基础设施建设，对跨境数据流动和数据保护等方面进行试点。新片区首次引入数据保护能力认证制度，发挥先行先试作用。关于税收优惠，对新片区内符合条件的从事集成电路、人工智能、生物医药、民用航空等关键领域核心环节生产研发的企业，自设立之日起5年内减按15%的税率征收企业所得税。研究实施境外人才个人所得税税负差额补贴政策。

上海自贸区投资领域，探索实施负面清单制度、人民币国际化等措施，推动资本跨境自由流动。自贸区实行外商直接投资准入前国民待遇加负面清单管理模式。上海自贸区外商准入的管理措施在全国具有示范意义，为外资在更多领域提供了自由权。从表23负面清单的数量来看，2020年的负面清单仅30条，与2013年相比减少了160条；而限制类措施从152条减少到了12条；禁止类措施则从38条减至18条。从其发展历程来看，2014年版负面清单删除了关于"合资、合作"的相关表述，并合并了负面清单的大类和种类；2017年版的修改重点集中在服务业和高端制造业，包括银行

表 22　三种科技创新制度模式

	金融管理模式	税收优惠	金融监管	金融创新
新加坡	国家统算协调，港区自主管理	1. 取消外汇管制，资金流动自由； 2. 提供不同融资模式，外资准入门槛低	以《自由贸易法》为核心，一系列商事法律规范为辅，统一监管	积极推动"自由贸易港+数字金融"融合发展
迪拜	"政企合一"式	1. 外资拥有100%所有权； 2. 企业经营50年内免缴所得税和营业税； 3. 资本转移无限制	接轨国际通行法律，本地立法，执行独立的金融监管体系	形成"1+N"港区联动发展模式，吸引金融业集聚发展
中国香港	"大市场、小政府"式运作管理	1. 实行零关税和简单且低税率的税收政策； 2. 对港内企业所得税实行两级累进税率	以风险防控为核心，实施"监管沙盒"机制	政府积极采取不干预政策，给予市场充分自由，营造优质税收环境

业、运输业和通信产业等。另外，2020 年版负面清单相对于 2019 年版进行了更多的深化改进，2020 年版在金融领域、城市建设等重要领域均逐步取消了对外资的部分限制，并对"森林资源资产评估项目核准""矿业权评估机构资质认定""碳排放权交易核查机构资格认定"3 条措施解除限制；删除"进出口商品检验鉴定业务的检验许可""报关企业注册登记许可""证券公司董事、监事、高级管理人员任职资格核准"等 14 条管理措施，将不符合负面清单定位的事项进行及时移除或整合，为我国这些领域的发展注入了新活力。

表 23　上海自贸区负面清单数量

年份	特别管理措施	限制类措施	禁止类措施
2013	190	152	38
2014	139	110	29
2015	122	86	36
2017	95	61	34
2018	45	21	24
2019	37	17	20
2020	30	12	18

　　上海自贸区投资领域在外资注册、服务平台和货币兑换等方面，进行了制度深化创新。如表 24 所示，在外企注册方面，采用注册资本认缴登记制来推进等级制度便利化。在货币兑换方面，上海自贸区率先进行人民币资本项目的可自由兑换。该制度通过设立自由贸易账户实现本外币的自由兑换，在打通人民币跨境流动渠道后，加速试点合格境内个人投资者（QDII2）制度，从而推动合格境内个人投资者直接投资国外资本市场。通过以上措施，上海自贸区在整体上推进区内主体跨境投融资双向开放，吸引更多的外商支持，并创造更好的营商环境。

三、环境领域深化特征与影响

　　上海自贸区环境领域创新改革措施侧重在实施源头减量、实行两证合一、优化环评管理、提升政府服务、加大环境基建、强化环保监管共六大类 11 项措施，服务自贸区高质量发展。

表 24　上海自贸区 2019 年版与 2020 年版负面清单对比

序号	2019 年版	2020 年版
1	城市人口 50 万以上的城市供排水管网的建设、经营须由中方控股	取消相关表述
2	证券公司 / 证券基金管理公司的外资股比不超过 51%（2021 年取消外资股比限制）	取消相关表述
3	期货公司的外资股比不超过 51%（2021 年取消外资股比限制）	取消相关表述
4	寿险公司的外资股比不超过 51%（2021 年取消外资股比限制）	取消相关表述
5	禁止投资中药饮片的蒸、炒、炙、锻等炮制技术的应用及中成药保密处方产品的生产	取消相关表述
6	森林泽园资产评估项目核准、矿业权评估机构资质认定	接触措施限制
7	进出口商品检验鉴定业务的检验许可、报关企业注册登记许可等	删除管理措施

表 25　上海自贸区临港片区环境领域制度

序号	改革措施	具体内容
1	源头减量	进一步扩大环评（环境影响评价）豁免范围
2	两证合一	实行环评与排污许可证"两证合一"
3	优化环评管理	简化环评形式、主要污染物总量管理等
4	提升政府服务	建立重大项目环评审批绿色通道，推进环境数据共享等
5	加大环境基建	加大污水处理厂、固体飞赴处置设施等建设
6	强化环保监管	实施分类监管，开展事中事后监管和污染源日常监管工作等

上海自贸区实施方案和立法均明确提出了生态环境要求，在环境领域的制度创新主要包括以下四个方面：

一是加快绿色发展布局。具体来说，实施环评审批正面清单，支持依法依规开展环境影响评价制度改革试点，加强"三线一单"（生态保护红线、环境质量底线、资源利用上线和生态环境准入清单）和能耗双控在产业布局、环境准入等方面的应用。

二是推动生态环境管理制度改革创新。对依法合规、满足生态环境保护要求的基础设施、重点产业布局等项目开辟"绿色通道"，支持自贸区重大项目建设。

三是健全生态产品价值实现机制。通过开展细颗粒物（$PM_{2.5}$）和臭氧协同控制试点，推广建设涉挥发性有机物（VOCs）"绿岛"项目。

四是加强生态环境科技创新应用。以数字化技术为基础，加强生态环境信息化与智慧环保建设，并推进建立智慧决策支撑平台。

在环境制度实施阶段，新片区管委会针对项目准入建立了产业项目落地前的三级审查流程。园区开发主体或镇政府实施告知初审，从用地指标、产值、工艺先进性及污染治理水平等方面，对项目可行性进行初审；新片区投资促进中心实施汇总复审，新片区管委会高科处组织包含生态环境部门在内的多部门联合会商，并出具包含生态环境管理要求的综合意见表。同时，片区建立了规划环评与项目环评联动机制，对有效落实规划环评的园区，可享受建设项目环评简化政策红利；对落实不力的园区，提出整改要求，从而倒逼和激励园区重视规划环评，有效发挥规划环评准入机制。如针对特斯拉、重型燃气轮机试验基地等排放量高的项目，对标国际先进水平，提出更严格的污染控制要求。通过严把准入关卡，特斯拉项目进一步削减 80 余吨挥发性有机物；重燃项目进一步削减 100 余吨氮氧化合物，提高了各类排水多级使用率。近 5 年来，新片区市考断面和主要界河水质改善显著，考核目标达标率和水环境功能区达标率均为 100%，优Ⅲ类水体占比 78.0%，优于全市水平。

第三节　自贸区重点领域深化存在的问题

2016 年底，习近平总书记对上海自贸试验区建设作出重要指示，"在深入总结评估的基础上，坚持五大发展理念引领，把握基本定位，强化使命担当，继续解放思想、勇于突破、当好标杆，对照最高标准、查找短板弱项，研究明确下一阶段的重点目标任务，大胆试、大胆闯、自主改，力争取得更多可复制推广的制度创新成果，进一步彰显全面深化改革和扩大开放的试验田作用。"以此，本书聚焦自贸区重点领域，全面阐释自贸区重点领域深化存在的显著提升空间。

一、自贸区数字贸易与金融开放领域存在的不足

上海自贸区数字贸易制度创新在监管便利化、贸易成本与跨境数据流动方面，仍存在不足。一是海关监管便利化程度有待提高。目前新片区国际中转集拼依然面临"两次报关"难题，整体通关效率仍然较低。二是新片区转口贸易的业务成本依然较高。由于目前欧美航线主要集中在洋山港区，东北亚航线主要集中在外高桥港区，两港区距离新片区均在百公里以上，许多货物需要在两港区之间进行二次驳运，增加了转运时间与成本。三是我国对数据跨境流动监管采取十分审慎的态度。但在操作中监管过严，会对全球数据资源配置能力造成一定制约。数据权属不清、数据流通标准具体细则缺失也会影响数据的正常流动。

金融开放领域的开放模式、金融自由化等方面，仍然存在较大壁垒。一是金融开放领域有限。二是开放模式单一。金融领域全面开放

在政策上、条件还有一定限制。在外汇管制、利率自由、资金运营、跨境业务、金融创新等方面，与其他几个自贸区实行金融自由化的政策相比，还存在显著的制度壁垒（见表 26）。

表 26 相关自贸区金融领域制度创新比较

上海自由贸易区	1. 加快金融制度创新。可在试验区内对人民币资本项目可兑换、金融市场利率市场化、人民币跨境使用等方面创造条件进行先行先试。在试验区内实现金融机构资产方价格实行市场化定价。探索面向国际的外汇管理改革试点，建立与自由贸易试验区相适应的外汇管理体制。鼓励企业充分利用境内外两种资源、两个市场，实现跨境融资自由化。 2. 增强金融服务功能。推动金融服务业对符合条件的民营资本和外资金融机构全面开放，支持在试验区内设立外资银行和中外合资银行。
巴拿马科隆自由贸易区	巴拿马的本国货币仅为辅币，其合法货币为美元。贸易结算也使用美元。在巴拿马的银行存款不纳税，无外汇管制，利润汇出汇入自由。
美国纽约港自由贸易区	在区内放松金融管制，实行金融自由化。放宽或取消对银行支付存款利率的限制；减少或取消对银行贷款规模的直接控制，允许业务交叉；允许更多新金融工具的使用和新金融市场的设立；放宽对外国金融机构经营活动的限制及对本国金融机构进入国际市场的限制，减少外汇管制。
德国汉堡自由贸易区	德国汉堡自由贸易区金融自由，外汇交易均不作限制，如外汇兑换自由、资金进出和经营自由；投资自由，如雇工、经营自由，无国民与非国民待遇之分等。

二、自贸区科技创新与投资领域存在的不足

对于科技创新领域，上海自贸区制度创新存在两大不足亟待优化。一是人才吸引力不足。受制于政策障碍和生活成本高等因素，上海对专业人才的吸引力不足。二是服务贸易下新业态、新模式发展不足。供应链金融、商务服务、互联网服务等新模式新业态尚未充分发展。

对于投资领域，上海自贸区制度创新在外汇管制、离岸贸易等方面，仍然存在极大局限。一方面，由于传统的外汇管理体制与企业开展离岸贸易业务的"三流（货物流、资金流和订单流）分离"运作模式不匹配，导致相关外汇收付困难。另一方面，现有税制不利于离岸贸易发展。作为一种新型贸易方式，离岸贸易以"三流分离"为显著特征，货物在异地办理出口退税时，因在国家层面缺乏专门针对离岸贸易的出口退税政策，导致国内各地税务部门对该贸易模式的理解不一致，造成诸多不便。

三、自贸区环境领域制度创新的不足

上海自贸区在环境领域深化水平仍然存在较大提升空间，在新型环境条款领域、公共采购领域条款深化水平仍然较低。在新型环境条款领域如补贴、出口限制、公共采购等的条款深化水平较低，在公共采购领域，我国与大部分国家均没有达成深化条款。如表 27 所示，以中国与韩国的自贸协定为例，其环境框架虽与 CPTPP 基本一致，但在具体程序性条款、公众参与等内容上与 CPTPP 差距明显，环保要求、保障、执行力度不够。

表 27　中国自贸协定中环境条款汇总表

序言	格鲁吉亚	期盼加强两国经济伙伴关系并推动双边贸易自由化和促进投资，以增加经济和社会福祉，创造新的就业机会，提高人民生活水平，同时注重健康、安全保障及环境保护
	韩国	注意到经济发展、社会发展和环境保护是可持续发展相互依赖、相互促进的组成部分，更加密切的经济伙伴关系可以在促进可持续发展方面发挥重要作用

（续表）

序言	冰岛	注意到经济发展、社会发展和环境保护是可持续发展相互依赖、相互促进的组成部分，更加密切的经济伙伴关系可以在促进可持续发展方面发挥重要作用
	新西兰	
	瑞士	认识到本协定的实施应以促进缔约双方公众福祉为目标，包括提高生活水平，创造新的就业机会和促进与环境保护相一致的可持续发展
	哥斯达黎加	认识到执行本协定是为了提高生活水平、创造新的工作机会并以与环境保护相一致的方式促进可持续发展
	秘鲁	
	巴基斯坦	
	智利	
合作条款	冰岛	根据谅解备忘录进一步加强沟通与合作
	哥斯达黎加	发展并转化用于提高农业和畜牧业生产质量并降低环境影响的技术
	新加坡	中国—新加坡天津生态城重点项目是双边区域发展合作中的另一重要举措，双方同意紧密合作，争取将其建设成为可持续发展的典型，同时加强在环境保护和资源能源节约等领域的合作
	新西兰	应当通过环境合作协定，加强双方在环境问题上的交流与合作
	智利	
	东盟	合作应扩展到环境、生物技术、渔业、林业及林业产品、矿业、能源及次区域开发等
	秘鲁	劳务合作（第一百六十一条）、矿业和工业合作（第一百五十七条）、林业和环境保护（第一百六十二条，林业部门建立双边合作、森林资源可持续管理、国家项目执行合作、技术合作、人才项目咨询合作）、渔业（第一百六十三条，自然资源养护、公私机构合作、抵制非法地下无约束捕捞）、农业合作（第一百六十四条，项目合作、人才培训、新技术推广）
一般例外	澳大利亚	措施的实施不在投资或投资者之间构成武断的或不正当的歧视，或构成对国际贸易或投资的变相限制的前提下，本协定任何规定均不得解释为阻止一方采取或执行；与保护人类动物或植物的生命或健康有关的环境措施；与保护有生命的或无生命的可用尽自然资源相关的环境措施

（续表）

一般例外	新西兰	并入本协定的 GATT1994 第二十条第（二）项及 GATS 第十四条第（二）项采取的措施可包括为保护人类、动物或植物生命或健康所必需的环境措施，并入本协定的 GATT1994 第二十条第（七）项适用于保护生物及非生物的不可再生自然资源的措施，但这些措施的实施不应构成恣意或不合理的歧视手段，或对货物或服务贸易或投资构成变相的限制
合作机构	韩国	中国—韩国自由贸易区联合委员会下设立环境与贸易委员会
	秘鲁	建立由各方代表组成的合作委员会指派国家联络处以便于就可能的合作活动进行沟通
间接征收	秘鲁	除极少数情况外，政府为履行管理权而采取的、可被合理地判定为基于保护包括公共健康、安全及环境在内的公共利益的目的而采取的措施，不应构成间接征收
	新西兰	
	智利	除极少数情况外，缔约一方为保护正当公共福利目标，如公共健康、安全和环境而规划或适用的非歧视性管理行为不构成间接征收

第四节　自贸区重点领域深化主要对策

一、数字贸易与金融开放领域深化的主要对策

针对数字贸易领域的制度深化，要注重推动相关制度的先行先试。一是要继续推动增值电信服务领域的开放，争取允许独资设立专业性数字服务平台等。二是在建立规章的基础上加快推进跨境数据流动的开放。借鉴国际跨境数据流动的监管模式，探索建立分级分类管理标准和制度，对不同类型、不同级别的数据采取不同的监管手段。

三是探索率先制定数据交易的地方性法规，促进企业间数据共享。新片区应制定新型国际贸易发展与上海国际贸易中心建设数据共享、数据权和数据交易定价的相关地方法规，探索建立数字服务跨境交付类型的电子商务监管平台，推动跨境电商监管模式创新。

针对金融开放领域，要加快实施高水平金融开放措施。发展各类知识资金密集型服务业。持续优化跨境人民币业务，发展供应链金融，探索深化跨境金融业务开放，吸引外资机构与中资银行或保险公司的子公司在新片区设立合资理财公司，推动金融业深度融入国际市场。外资在新片区设立外商独资或中外合资银行、证券、保险、资产管理等各类金融机构，缩短审批时间，并尝试实行内外资金融机构一致管理。

二、科技创新与投资领域深化的主要对策

针对科技创新领域，上海自贸区制度要注重深化专业服务开放，支持人员跨境流动。为推动更高水平对外开放，应在制度型开放中积极深化关于人员、资金以及技术等方面条款，积极参与制定创新政策与技术转让规则。一方面，争取进一步放开技术含量较高的专业服务领域外资机构和自然人的准入。另一方面，探索实施商务人士短期入境制度，允许自贸区企业网上申请外国人口岸签证。完善外国人来华工作许可制度。

针对投资领域，上海自贸区要注重推进投资深度条款的垂直深化，以高水平对外开放促进高质量对外直接投资。为增强投资领域的条款细化，不仅要重视投资深度条款覆盖范围的扩大，更要强调对某

些存在漏洞的领域进行垂直深化，尤其着重关注投资便利化和投资自由化领域，重点推进投资便利化制度架构及透明度、争端解决方案与磋商机制等创新实践拓展负面清单的范围和领域拓展。具体而言，规范投资规则文本措辞、推进"准入前国民待遇加负面清单"模式转变、加快制定服务贸易负面清单、重视例外条款的设置，以及提高投资争端解决程序的透明度等，从而为全球投资规则重塑贡献中国经验，构建更高开放水平的自贸区网络。

三、自贸区环境领域深化的主要对策

立足当前国情，推动上海自贸区环境条款深化。首先，在环境议题方面，在概括性条款中积极明确与多边环境协定关系，实体性条款提出可接受的环境条款设定环境标准，程序性条款积极构建比较完备的公众参与机制，并采用磋商、调解等软性手段解决争端。其次，扩大与缔约国的环境合作领域的范围，最大程度上扩展同发达国家在公共采购、出口限制等的环境条款合作项目，避免发达国家以碳泄漏等借口的气候争端与制裁。最后，基于自贸区发展现状，建立适度的环境标准。由于我国环境规制对企业竞争力具有较大的负面影响，因此大幅提高环境规制水平并不与我国经济发展水平实际相契合。基于此，我国可在自贸区的环境条款中引入"日落条款"，同时明确"日落"期限和期限届满后的效力，对"超期服役"的环境标准设立淘汰制度，构建环境标准常规审查修订机制，并充分考虑"分阶段、分对象"地适用高标准的环境条款。

第五节 主要结论和对策

一、主要结论

基于上海自贸区重点领域深化的异质性特征趋势，以及现阶段上海自贸区重点领域突破拓展中存在的问题，本文给出如下结论：

第一，对于数字贸易领域深化的特征与趋势，上海自贸区数字贸易领域制度创新，聚焦跨境电商、商事制度、海关通关等方面，打造"数字贸易国际枢纽港"。在跨境电商方面，发展跨境数字贸易，鼓励设立国际配送平台。在商事制度方面，采用单一窗口"一口式"办理。在海关通关改革方面，提升企业通关效率。在检验检疫改革方面，上海自贸区创新"采信第三方"。对于数字贸易领域深化存在的问题，上海自贸区数字贸易制度创新在监管便利化、贸易成本与跨境数据流动方面，仍然存在显著提升空间。

第二，对于金融开放领域深化的特征与趋势，上海自贸区金融领域制度创新形成了"1+4"体系。但是在金融开放领域的开放模式、金融自由化等方面，仍然存在较大的壁垒。金融开放程度有限，开放模式单一。

第三，对于科技创新领域深化的特征与趋势，上海自贸区以制度创新和金融改革来力促贸易的便利化，进而提升企业创新驱动力。但是自贸区仍然存在人才吸引不足的现象，服务贸易下新业态、新模式发展不足。

第四，对于投资领域深化的特征与趋势，上海自贸区投资领域探索实施负面清单制度、人民币国际化等措施，推动资本跨境自由流动。自贸区实行外商直接投资准入前国民待遇加负面清单管理模式，上海自贸区外商准入的管理措施在全国具有示范意义，为外资在更多领域提供了自由权。但是自贸区制度创新在外汇管制、离岸贸易等方面，仍然存在局限。

第五，对于环境领域深化的特征与趋势，上海自贸区环境领域创新改革措施侧重在实施源头减量、实行两证合一、优化环评管理、提升政府服务、加大环境基建、强化环保监管共六大类 11 项措施，服务自贸区高质量发展。但是上海自贸区在环境领域深化水平仍然存在较大提升空间，在新型环境条款领域、公共采购领域条款深化水平仍然较低。新型环境条款领域如补贴、出口限制、公共采购等条款的深化仍处于较低水平，在公共采购领域，我国与大部分国家均没有达成深化条款，环保要求、保障、执行力度不够。

二、对策建议

针对数字贸易领域，要注重推动相关制度的先行先试。一是要继续推动增值电信服务领域的开放，争取允许独资设立专业性数字服务平台等。建议新片区应争取进一步扩大电信增值服务开放，首先允许独资设立科技数字服务平台，但必须符合我国《网络安全法》及其他相关法律。二是在建立规章基础上加快推进跨境数据流动的开放。借鉴国际跨境数据流动的监管模式，探索建立分级分类管理标准和制度，对不同类型、不同级别的数据采取不同的监管手段。为企业跨境活动提供必要的技术解决方案指导，探索建立信用治理机制，将有严重失信行为的企业从市场中剔除出去。此外，探索率先制定数据交易的地方性法规，促进企业间数据共享。目前在我国的法律框架下，还存在数据权属不确定性和数据处理合规性等问题。新片区应制定新型国际贸易发展与上海国际贸易中心建设数据共享、数据权和数据交易定价的地方法规，探索建立数字服务跨境交付类型的电子商务监管平台，推动跨境电商监管模式创新。简化零售进口前期备案环节操作，研究落实单证与实货的同屏比对机制，探索新建跨境电商零售出口海关监管作业场所。

针对金融开放领域，要加快实施高水平金融开放措施。一是发展各类知识资金密集型服务业。持续优化跨境人民币业务，发展供应链金融，探索深化跨境金融业务开放，吸引外资机构与中资银行或保险公司的子公司在新片区设立合资理财公司，推动金融业深度融入国际市场。二是加快实施高水平金融开放措施。针对当前商业存在形式下，金融服务业开放采取负面清单模式，而跨境金融服务贸易延续传统正面清单模式，借鉴国际先进经验研究制定"金融服务业全口径"市场开放的负面清单。吸引外资在新片区设立外商独资或中外合资银行、证券、保险、资产管理等各类金融机构，缩短审批时间，并尝试实行内外资金融机构一致管理。

针对科技创新领域，自贸区制度要注重深化专业服务开放，支持人员跨境流动。为推动更高水平对外开放，自贸区应在制度型开放中积极深化关于人员、资金及技术等方面条款，积极参与制定创新政策与技术转让规则。一方面，争取进一步放开技术含量较高的专业服务领域外资机构和自然人的准入。具体措施包括探索建立境外人员临时执业许可制度，允许境外具有同类专业技术资质的人员凭本国执照或公认的专业团体成员身份，向自贸区人才主管部门申请，获得临时或基于具体项目的执业许可。另一方面，探索实施商务人士短期入境制度，允许自贸区企业网上申请外国人口岸签证。完善外国人来华工作许可制度。放宽职业资格考试对境外专业人才限制。加强教育和技能培训，建立特殊人才引进通道。

针对投资领域，自贸区要注重推进投资深度条款的垂直深化，以高水平对外开放促进高质量对外直接投资。为增强投资领域的条款细化，不仅要重视投资深度条款覆盖范围的扩大，更要强调对某些存在漏洞的领域进行垂直深化，尤其要以投资便利化和投资自由化领域为重点，重点推进投资便利化制度架构及透明度、争端解决方案与磋商机制等创新实践拓展负面清单的范围和领域拓展。具体而言，规范投资规则文本措辞、推进"准入前国民待遇加负面清单"模式转变、加快制定服务贸易负面清单、重视例外条款的设置，以及提高投资争端解决程序的透明度等，从而为全球投资规则重塑贡献中国经验，构建更高开放水平的自贸区网络。

针对环境领域，首先，在环境议题方面，在概括性条款中积极明确与多边环境协定关系，实体性条款提出我国可接受的环境条款设定环境标准，程序性条款积极构建比较完备的公众参与机制，并采用磋商、调解等软性手段解决争端。其次，扩大与缔约国的环境合作领域的范围，最大程度上扩展同发达国家在公共采购、出口限制等的环境条款合作项目，避免发达国家以碳泄漏等借口发起气候争端与制裁。最后，基于自贸区发展现状，建立适度的环境标准。由于我国环境规制对企业竞争力具有较大的负面影响，因此，大幅提高环境规制水平与我国经济发展水平实际并不契合。基于此，我国可在自贸区的环境条款中引入"日落条款"，同时明确"日落"期限和期限届满后的效力，对"超期服役"的环境标准设立淘汰制度，构建环境标准常规审查修订机制，并充分考虑"分阶段、分对象"地适用高标准的环境条款。

第七章
自贸区提升战略驱动引进高水平外资研发中心

上海市科创中心建设"十四五"规划指出，"十四五"期间外资研发中心累计数量要达到560家，上海建设成为全球创新网络的重要枢纽，跻身全球重要创新城市行列。外资研发中心加速集聚能级提升，已成为上海科创中心建设的主力军。基于此，作为上海科创中心建设的主要承载区，如何推动高标准自贸区建设，进而驱动上海引进高水平外资研发中心，成为上海科创中心建设面临的重要课题。

第一节　外资研发中心在华投资的特征趋势

推进高水平对外开放，要更大力度吸引和利用外资。党的二十大报告指出"合理缩减外资准入负面清单，依法保护外商直接投资权益，营造市场化、法治化、国际化一流营商环境"。党的十八大以来，中国实际使用外资金额总量稳定增长，对华投资结构性变化大，服务业成为吸收外资的主要领域，自贸区成为高端制造业外资增长极。但是，国内要素成本刚性上涨压力叠加竞争加剧，外资制造业投资持续下行，欧美在华投资持续低迷，外资撤离加速，利用外资质量仍有待提高，绿地投资规模与数量呈现双降态势。为此，一方面，要强链补链应对外资跨国迁移，提升产业链安全水平，提升中国市场外资吸引力。另一方面，要积极发挥外资畅通"双循环"效应，提升引资项目质量，尤其要注重打造对外开放新平台，推进外商直接投资安全审查的细化落地，提升金融服务水平和国际竞争力。

一、吸引和利用外资呈现新特征与新趋势

（一）中国持续保持全球第二大外资流入国地位，外资进入高质量发展阶段

吸收外资规模数量上取得显著突破，已进入高质量发展期。根据商务部数据，伴随营商投资环境不断改善，全国实际使用外资金额由1983年的9.2亿美元增长到2021年的1734.8亿美元，年均增幅接近15%。2022年实际使用外资规模增速仍然处于高位。根据商务部数据，2022年1—10月，全国实际使用外资金额10898.6亿元人民币，按可比口径同比增长14.4%（下同），折合1683.4亿美元，增长17.4%。

中国持续保持全球第二大外商直接投资流入国地位。据联合国贸发会议数据，中国吸收外资金额占全球跨国直接投资总额的比重不断提升，2017年至2020年连续四年保持全球第二大外资流入国地位。2021年我国吸收外资仍保持全球第二。

表28 吸收外商直接投资月报

日期	实际使用外资金额（亿美元）	实际使用外资金额同比（%）
2022 年 1—10 月	1683.4	17.4
2022 年 1—8 月	1384.1	20.2
2022 年 1—7 月	1239.2	21.5
2022 年 1—6 月	1123.5	21.8
2022 年 1—5 月	877.7	22.6
2022 年 1—4 月	744.7	26.1
2022 年 1—3 月	590.9	31.7
2022 年 1—2 月	378.6	45.2
2022 年 1 月	158.4	17.6
2021 年 1—12 月	1734.8	20.2

数据来源：商务部外资司、中国投资指南网

（二）外商直接投资结构呈现优化趋势，服务业成为吸收外资的主要领域

外商直接投资环境持续优化，外商直接投资企业数量和注册资本均呈上升趋势。根据商务部数据，2021 年制造业的外商直接投资企业数量呈下降趋势，批发和零售业成为外商直接投资企业数量分布最多的领域，租赁和商务服务业的注册资本上升最快，也成为注册资本占比最大的行业。科学研究技术服务和地质勘查业等高技术领域的外商直接投资企业也增长较快。

服务业成为外资投资主要行业。根据商务部数据，2005—2021年，我国第一产业实际使用外资金额占比从 0.99% 下降至 0.3%，第二产业实际使用外资金额占比从 61.73% 下降至 23.4%，第三产业实际使用外资金额占比从 37.28% 增加至 76.3%。2010 年服务业利用外资占比首次超过制造业，服务业已经成为中国吸引外资的主导领域。

从总量上看，服务业利用外资占全部外资的比重从 2005 年的不足 1/3，2021 年已达到 75.8%。分行业看，租赁和商务服务业吸收外商直接投资的占比由 6.21% 增长至 18% 以上。

（三）外资来源多元化趋势显著，但仍集中在亚洲国家／地区

对华投资的主要来源地区是亚洲、欧盟、北美及部分自由港区。根据商务部外资统计公报，2017—2022 年主要国家和地区在华投资企业数量整体仍呈增长趋势，尤其韩国在华投资企业数量增加明显。

欧盟主要国家在华投资企业数量占比有所下降，亚洲及北美地区投资企业数量占比保持增长。根据商务部外资统计公报，2021 年亚洲国家／地区在华新设企业数占比为 76.2%，实际投资金额占比为 84.9%。欧洲国家／地区在华新设企业数占比为 8.1%，实际投资金额占比为 3.9%。

（四）外资"提质量"成效显著，自贸区高端制造业外资增长显著

中国高技术产业利用外资增长较快，占全部外商直接投资的比重持续上升。根据商务部外资统计公报，2022 年高技术产业实际使用外资金额增长 28.3%，占全国 36.1%，较 2021 年提升 7.1 个百分点，其中电子及通信设备制造、科技成果转化服务、信息服务分别增长 56.8%、35% 和 21.3%，已成为吸引外资的"主引擎"。

坚持扩大外资市场准入，自贸区成为吸引外资的新引擎。根据商务部相关数据，2022 年，21 家自贸区实际使用外资 2225.2 亿元，占全国的 18.1%，自贸区成为外资保存量、扩增量、培育新增长点。2022 年，我国连续第六年缩减全国和自贸区外资准入负面清单分别缩减至

31 条和 27 条。通过加大力度保护知识产权，保护外资企业的资产，鼓励外资企业参与政府采购、参与标准的制定，不断增强外资在中国投资兴业发展的信心和动力，促进外资保存量、扩增量、培育新增长点。

（五）要素成本刚性上涨压力叠加竞争加剧，外资制造业投资持续下行

土地等要素成本刚性上涨给外资工业带来成本压力。近年来，我国原来支撑高速增长的要素条件和市场环境已经发生根本改变，劳动力和土地等要素成本不断刚性上涨，主要地区的工业用地价格持续上升，东部地区工业地价迅速上升，绝大多数工业品单位要素投入创造的增加值率下降，潜在增长率趋于回落。对土地等要素依赖度较大的产业面临较大成本压力，外资企业在制造业的投资占比不断下降。

内资工业企业全面崛起加剧市场竞争。我国内资工业企业在数量和质量上迅速赶超，各地外资工业企业数量占比持续下降，内资企业占比不断上升。我国工业产品竞争力显著增强，制造业研发投入强度从 2012 年的 0.85% 增加到 2021 年的 1.54%，专精特新"小巨人"企业的平均研发强度达到 10.3%，58 家制造业企业进入 2021 年世界 500 强榜单，比 2012 年增加 27 家。

（六）地方仍然存在规模导向的引资冲动，外资利用质量仍有待提高

受传统绩效考核思维影响，各地在引进外资时仍然存在"重引进轻效果、重规模轻效益"的倾向。中西部地区在承接产业转移过程中，一些开发区对外资来者不拒，对外资项目评估过于草率，从而导致低水平重复引进和重复建设问题。

外资高技术产业尤其是高技术制造业，占比仍然较低。从表 29

来看，2020—2021 年高技术制造业外资占比远低于高技术服务业，尤其外资企业加工贸易"高进低出"，本地产业链嵌入度不高。外资企业都是中国加工贸易的主力军，外资企业的供应链国际依存度仍然较高，中国仍然处于外资企业国际产业链的低端位置。

表 29　高技术产业外资情况

行业名称	2020 年		2021 年		2020 年		2021 年	
	新设企业数（家）	比重（%）	新设企业数（家）	比重（%）	实际使用外资金额（亿美元）	比重（%）	实际使用外资金额（亿美元）	比重（%）
总计	38578	100.0	47647	100.0	1493.4	100.0	1809.6	100.0
高技术产业	10924	28.3	13427	28.2	427.6	28.6	522.0	28.8
高技术制造业	857	2.2	1048	2.2	103.0	6.9	120.6	6.7
高技术服务业	10067	26.1	12379	26.0	324.6	21.7	401.4	22.2

数据来源：商务部外资统计

二、外资研发中心大量撤离和外资投资规模增长并存

外资撤离数量呈现一定上升趋势，在华外资迁移东南亚趋势加速。由于商务部没有公布外商撤资企业数量，只能通过每年新增外资企业数量及累计在册登记外资企业数量进行测算。[1] 从表 30 来看，

---

[1]　外商直接投资企业数量增（减）数＝当年末外商直接投资企业登记数－上年末外商直接投资企业登记数＝当年新批外商直接投资项目数－外商直接投资企业撤出数量，进而得到：外商直接投资企业撤出数量＝新设外商直接投资企业数量－外商直接投资企业数量增（减）数。

外企注销高峰期分别在 2012 年和 2020 年，与新冠疫情冲击有较大关系。部分跨国外资企业关闭部分在华业务转投向印度、越南、巴西等市场或者迁回国内，如苹果、歌美飒、三星、雅虎、领英、东芝、佳能等企业。尤其是美国发布《全球供应链安全国家战略》，以供应链安全为由想要剥离中国产业链，迫使苹果等美国企业将生产供应商迁往东南亚、印度等地。

表 30   2010—2020 年外商撤资企业数量（单位：家）

年份	当年末外商登记户数	上年末外商登记户数	外商增（减）数	当年新增合同项目数	外商撤资企业数
2010	445244	434248	10996	27406	16410
2011	446487	445244	1243	27712	26469
2012	440609	446487	−5878	24925	30803
2013	445962	440609	5353	22773	17420
2014	460699	445962	14737	23778	9041
2015	481179	460699	20480	26575	6095
2016	505151	481179	23972	27900	3928
2017	539345	505151	34194	35652	1458
2018	593276	539345	53931	60533	6602
2019	627223	593276	33947	40888	6941
2020	635402	627224	8179	38570	30391

数据来源：《中国统计年鉴》整理计算

在华撤离外资大部分迁移到东南亚等地区。从亚洲地区跨国投资趋势来看，外资投资逐步从东亚转向东南亚等地区。根据 UNCTAD 数据，2000—2021 年，东亚 FDI 流入量占亚洲总流量的比重从 75.5% 下降为 51.4%，东南亚 FDI 流入量占比从 13.7% 上升到 26.4%。2018—2020 年外资在东南亚 / 东盟的主要投资领域为石化、新能源、电力、制造业、交通运输等基础设施建设领域，投资占比达到 85%。

在全球外商直接投资不断萎缩的形势下，中国吸引的外资量持续逆势增长。2017—2020 年，中国连续四年保持全球第二大外资流入国地位，外资在华研发投资不断扩大。与此同时，在华外资出现了研发中心大规模撤离现象。2017—2020 年，通用电气、甲骨文、葛兰素史克、礼来、罗氏、诺华、辉瑞、阿斯利康、IBM、CA Technologies 等跨国巨头先后关闭中国研发中心或裁撤在华研发业务。

一方面，流入中国的国外研发资金呈现显著下降趋势。2011—2017 年，流入中国的国外研发资金一直维持 100 亿元的水平左右。此后连续大幅下降，2018 年却同比下降 37% 至 71 亿元，2019 年则同比下降 67% 至 24 亿元。国内研发总支出中的国外资金占比（以下简称 GERD 外资占比）是一项重要的科技创新指标，在世界知识产权组织（WIPO）发布的《全球创新指数报告》中，GERD 外资占比是一项基础指标，用于表征创新过程中各参与方的关联程度。如图 28 所示，2014—2020 年中国 GERD 外资占比一直处于较低水平，且总体呈下降趋势，2020 年虽稍有反弹，但仍处于较低水平。从不同行业来看，流入研发密集型行业（如医药制造业）、资本密集型行业（如煤炭开采业）、劳动力密集型行业（如纺织服装制造业）的国外研发资金均大幅萎缩。由于国外研发资金中约一半是由外资研发中心执行的，这与外资研发中心大量撤离中国的现象可以相互印证（黄宁、韩佳伟，2021）。

另一方面，外资企业在华研发投入仍然保持增长趋势。如图 29 所示，2016—2020 年规模以上工业外资企业研究与试验发展经费及项目数均稳定增长。从不同的地区与行业来看，外资研发投入也基本为增长或持平趋势。2019年，中部地区的高技术外资企业研发经费内部支出同比增长13%，东部地区微增0.6%，西部地区与前一年持平；高技术产业外资企业的研发经费内部支出同比增长1%，其中电子及通信设备制造业增长14%，医药制造业、计算机及办公设备制

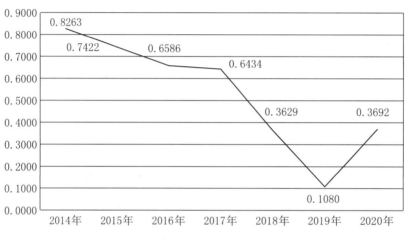

图28　2014—2020年中国GERD外资占比（单位：%）

数据来源：OECD数据库

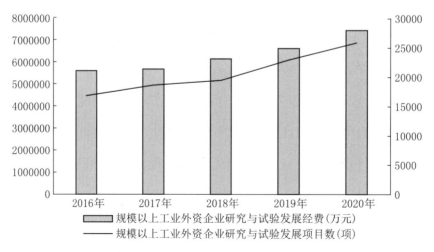

图29　2016—2020年规模以上工业外资企业研究与试验发展经费及项目数

数据来源：国家统计局

造业、医疗仪器设备制造业等也基本维持了 2014 年以来的平均水平。

三、外资在华研发中心呈独资化和集聚性特征

　　绿地投资规模与数量呈现双降态势，合资企业成为主要投资模式。2018 年以来外资绿地投资项目数量及规模出现较大幅度下滑。2021 年，来华绿地投资金额为 481 亿美元，较 2018 年下降 44.8%，占全球绿地投资比重为 3.3%，较 2018 年下降 6.6% 个百分点。在华绿地投资数据的大幅下滑，一方面与中国本土企业的快速崛起、降低外资依赖有关，另一方面也与美国贸易保护政策推动全球经济逆全球化、中国人力成本的快速增长存在紧密关联。此外，《中华人民共和国企业所得税法》实施，外商直接投资优惠政策的降低，叠加中美贸易摩擦及新冠疫情，外商在华绿地投资再次受到显著负向冲击。

　　合资企业投资规模则快速增长，成为 FDI 流入的主要投资模

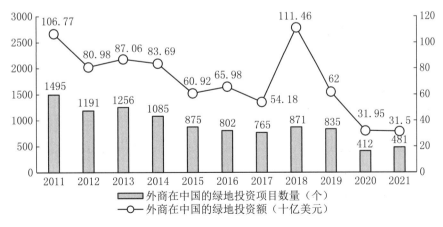

图 30　外商在华绿地投资项目数量与投资额

数据来源：UNCTAD

式。[1] 2011 年以来，外商在华绿地投资及并购投资规模总体呈下降趋势，合资企业投资规模则快速增长，在 2019—2021 年取代绿地投资和兼并收购，成为 FDI 流入的主要投资模式。主要原因在于：1）经济下行时期新建和并购消耗企业大量资金，合资企业实现成本共摊，降低风险；2）国际投资审查监管壁垒升高，合资企业所承受的监管通常低于新建或并购；3）中国部分行业对外商持股比例有限制，必须是合资企业；4）疫情大流行下外资企业进一步依赖中国成熟劳动力市场及全面的供应链。

技术领先型外资企业独资化的趋势明显，对我国创新发展战略形成潜在挑战。如表 31 所示，2021 年，高技术产业新设外商直接投资企业 13427 家，实际使用外资金额 522 亿美元。其中，高技术制造业新设外商直接投资企业 1048 家，实际使用外资金额 120.6 亿美元；高技术服务业新设外商直接投资企业 12379 家，实际使用外资金额 401.4 亿美元。

表 31　2021 年高技术产业吸收外资情况

行业名称	新设企业数（家）	比重（%）	实际使用外资金额（亿美元）	比重（%）
总计	47647	100.0	1809.6	100.0
高技术产业	13427	28.2	522.0	28.8
高技术制造业	1048	2.2	120.6	6.7
高技术服务业	12379	26.0	401.4	22.2

数据来源：商务部外资统计

注：部分数据因四舍五入的原因，存在总计与分项合计不等的情况。

---

[1]　FDI 的基本投资模式分三种：绿地投资（新建投资）、兼并收购、合资企业（股权参与与非股权参与）。

外资在华研发投资地理空间上呈现高度集聚性，显著影响了我国区域创新空间布局的平衡性。如表 32 所示，跨国公司在中国的研发投资主要布局在沿海发达地区以及中西部经济发达、科技力量雄厚以及自然环境相对优越的区域。北京、上海和深圳三个城市凭借特殊的地理位置、良好的基础设施和优质的科技人才资源成为外资在华研发投资的热点城市。但近年来跨国公司在华研发活动"西扩"态势明显，西安、成都、重庆等城市依托西部大开发政策、丰富的创新资源和低成本优势，成为跨国公司在华研发活动深入推进的重要落脚点和桥头堡。

表 32　2021 年东部、中部、西部地区吸收外资情况

地区名称	新设企业数（家）	比重（%）	实际使用外资金额（亿美元）	比重（%）
总计	47647	100.0	1809.6	100.0
东部地区	42089	88.3	1526.8	84.4
中部地区	2720	5.7	111.6	6.2
西部地区	2834	5.9	96.4	5.3
有关部门	4	0.01	74.7	4.1

数据来源：商务部

注：有关部门项下包含银行、证券、保险领域吸收外资数据。

东部地区：北京、天津、河北、辽宁、上海、江苏、浙江、福建、山东、广东、海南。

中部地区：山西、吉林、黑龙江、安徽、江西、河南、湖北、湖南。

西部地区：内蒙古、广西、重庆、四川、贵州、云南、西藏、陕西、甘肃、青海、宁夏、新疆。

四、外资在华研发中心呈现合资和绿色本土新特征

"双碳"目标牵引外资企业将绿色、高技术产业工序加速布局中

国本土，抢占产业链高地和政策红利。如空中客车将机翼原材料到最后组装交付全部在中国完成，并采用系列新的减碳技术，开展绿色创新以应对中国的"双碳"目标。外企加速研发的本土化进程，越来越倾向于和中企设立"混血"研发中心，共同应对国际市场竞争。随着新冠疫情冲击和全球减碳政策约束，产业链完备且疫情有效防控的中国市场备受青睐，外资巨头通过资金、技术的先行优势与快速成长的中国高科技企业强强联合，"立足中国，服务全球"成为越来越多在华外资企业的全球化宗旨。

此外，绿色本土化和数字化是中外"混血"研发中心的显著特征。随着中国高科技企业研发实力增长，大量外资企业开始改变仅将中国视为加工制造基地的看法，而是希望借助于中国全球领先的数字化技术，通过与中国合作研发来反哺全球市场。

第二节　上海引进高水平外资研发中心的特征趋势

作为对外开放的前沿，上海成为外资研发中心在我国的主要集聚地。《上海市鼓励设立和发展外资研发中心的规定》制定出台，增强上海全球资源配置和科技创新策源功能，促进外资研发中心高质量发展。

一、外资研发中心数量稳步上升，呈现显著聚集特征

上海市外资研发中心数量显著增长，并且呈现加速态势。如图

31 所示，2020 年年末，在上海投资的国家和地区达 189 个，上海市累计认定跨国公司地区总部 771 家（亚太区总部 137 家），外资研发中心 481 家。年内新增跨国公司地区总部 51 家。其中，亚太区总部 21 家，外资研发中心 20 家。至 2021 年年末，在上海投资的国家和地区达 190 个，上海市累计认定跨国公司地区总部 831 家，外资研发中心 506 家。年内新增跨国公司地区总部 60 家，外资研发中心 25 家，形成了一定的集聚效应。

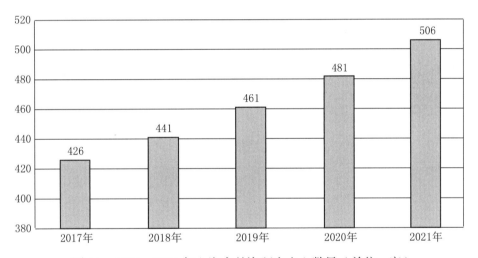

图31　2017—2020 年上海市外资研发中心数量（单位：家）

数据来源：上海市国民经济和社会发展统计公报

二、外资研发中心以高端产业为主体，驱动引领作用不断增强

上海外资研发中心以技术密集型产业为主体。从企业数量、研发经费支出及研发人员看，具有技术密集优势的企业在上海外资研发中心中占据一半以上。截至 2021 年底，上海累计吸引 827 家跨国公司

地区总部，累计设立外资研发中心 506 家。相关跨国企业主要集中于生物医药、智能制造、集成电路、新材料技术、数字信息科技及人工智能等领域，且不乏世界 500 强等行业领军企业。

上海市吸引外商直接投资持续处于全国领先水平。如表 33 所示，2021 年，新设外商直接投资企业数排名前十的省市分别是广东、上海、江苏、浙江、山东、福建、海南、北京、四川、天津，数量占全国比重为 88%；实际使用外资金额排名前十的省市分别是江苏、广东、上海、山东、浙江、北京、天津、福建、海南、四川，规模占全国比重为 83.6%。在新设外商直接投资企业数和实际使用外资金额两个指标上，上海均位于前三，体现了上海在全国的引领作用，以及良好的发展态势。

表 33　2021 年全国前十省份吸收外资情况

地区名称	新设企业数（家）	比重（%）	实际使用外资金额（亿美元）	比重（%）
总计	47647	100.0	1809.6	100.0
江苏	4237	8.9	288.5	15.9
广东	16155	33.9	276.6	15.3
上海	6717	14.1	233.3	12.9
山东	3064	6.4	215.2	11.9
浙江	3547	7.4	183.4	10.1
北京	1924	4.0	144.3	8.0
天津	744	1.6	53.9	3.0
福建	2742	5.8	49.1	2.7
海南	1936	4.1	35.2	1.9
四川	882	1.9	33.6	1.9

数据来源：商务部外资统计

第三节　自贸区提升战略驱动引进上海外资研发中心的影响机制

一、上海自贸区相关投资条款深化特征

自贸区投资条款深化，在于规范和促进协定区域内各种投资活动，实现较 WTO 框架下更大程度的投资自由化和规范化。针对上海自贸区建设创新相关投资条款，聚焦于投资条款深化目的与领域，将投资条款分为四种类型：投资促进、投资自由化、投资保护、投资便利化。（1）投资促进包括投资环境与投资服务，为投资者在领土内投资创造有利的环境，并可能提供设立、清算、投资促进方面的咨询服务；[1]（2）投资自由化强调对外商直接投资进入尽可能地减少禁止类和限制类的准入门槛；（3）投资便利化、投资保护强调外商进入后尽可能提高管理和服务效率，提供更高的保障。[2]

依据"深度协定"数据库，深度投资异质性条款包括六大类别：范围和定义、投资自由化、投资保护、社会和监管目标、制度架构及透明度、争端解决。如表 34 所示，六类投资条款类别下分别有 5 个、6 个、6 个、2 个、2 个和 3 个子条款，每个子条款下有对应的细分条

---

[1]　具体包括影响政府外资政策与相关法规的制订与修正、针对特定目标进行投资促进活动、提供顾问咨询服务，在条款分类中包括了社会和监管目标、范围和定义两大类别。

[2]　投资便利化规则具体包括投资措施的透明度和可预测性、行政程序和要求的精简和加快、国际合作和发展等要素。投资措施的透明度和可预测性是投资便利化框架的核心，对帮助投资者了解他们即将进入的市场、投资程序以及扩大投资至关重要。行政程序和要求的精简和加快是投资便利化举措的另一重要支柱，涉及政府如何处理投资监管的问题。在条款分类中包括了制度架构及透明度、争端解决两大类别。

表 34　投资条款分布状况

四种类型	投资条款类别	子条款内容	细分条款数
投资促进	范围和定义	投资的定义	5
		投资者的定义	5
		否认的好处	1
		条约的范围	2
		保诚分离	1
	社会和监管目标	社会和监管目标	7
		技术合作和能力建设	2
投资自由化	投资自由化	投资自由化的国民待遇	1
		最惠国	2
		性能需求	1
		高级管理层和董事会	1
		不可减损	1
		调度和预订	2
投资保护	投资保护	投资保护的国民待遇	8
		征用和补偿	5
		武装冲突或冲突时的保护	3
		转移	1
		保护伞条款	1
		代位权	1
投资便利化	制度架构及透明度	制度框架 / 委员会	1
		透明度	3
	争端解决	国与国之间的争端解决	1
		投资者—国家争端解决方案（ISDS）	1
		磋商机制	1

数据来源：世界贸易组织的"深层协定"数据库

款。包含细分条款数量较多的子条款内容有投资的定义、投资者的定义、投资保护的国民待遇、征用和补偿、社会监管目标，分别涵盖 5 个、5 个、8 个、5 个和 7 个细分条款，而争端解决类别下的三个子条款都只有 1 个细分条款。中国大部分涵盖投资条款的已生效 FTA 都包含了投资的定义、投资者的定义、社会和监管目标子条款，而中国尚属空白的投资子条款内容包括保诚分离、不可减损、保护伞条款、技术合作和能力建设、制度框架/委员会等。

二、高标准自贸区建设驱动引进外资研发中心的主要效应

在引致效应方面，高标准自贸区建设促进了成员国的贸易自由化，削减关税并降低成员国间的贸易成本，促进生产要素的跨国流动，进而对吸引外资研发企业存在显著的促进效应（Jang，2011）。在贸易成本方面，高标准自贸区建设推动贸易自由化可以通过降低企业贸易成本，提高外资研发企业收益，促进企业进行跨国投资，甚至可能引发外资流入浪潮。贸易成本显著影响标的公司的价格水平：当贸易壁垒较高时，外国企业通过出口的方式进入本国市场的产品价格竞争力较弱，本国企业面临的竞争较小，为了防止外国企业通过收购本地企业进入国内市场，本国企业愿意付出高额成本事先进行国内并购，从而抬高潜在标的企业的价格，降低投资方收益（Bjorvatn，2004；Norbäck and Persson，2004）；当贸易壁垒显著下降，考虑到外部企业会选择贸易而不是投资进入外国市场，国内企业的先发制人动机较弱，外国企业可以通过跨国并购获得更多的利润。

高标准自贸区建设通过降低贸易成本吸引外资研发企业会存在影

响差异，与双边要素禀赋的差异与两国市场规模存在显著的关联。高标准自贸区建设推动贸易自由化降低贸易成本，促进企业垂直 OFDI 增多而水平 OFDI 减少。在生产要素流动配置方面，高标准自贸区建设深化可以促进生产要素跨国流动配置，扩大了市场规模，促进外资研发企业流入。高标准自贸区建设可以通过增强成员国间的一体化程度扩大市场规模，对跨国投资产生正面效应，扩大的区域市场对市场寻求型 FDI 的吸引力增强，更具竞争性的市场使得企业通过兼并收购扩大生产、提高竞争力的需求增强（Blomstrom and Kokko，1997）。

在直接促进效应方面，高标准自贸区投资条款深化降低市场准入和投资模式的限制门槛。对于企业并购进入后的待遇、资产收益汇出、免于被征收和国有化以及损失赔偿等方面，提供了边境内投资每一环节的保护，有效保护东道国的各种资产和收益，降低了企业投资的风险和成本，促进外资研发中心进入。

在高标准自贸区投资条款深化领域四种类型方面，主要涵盖投资促进、投资自由化、投资保护、投资便利化。投资条款领域的深化拓展，促进了投资边境内规则的协调与统一，对投资自由化、投资保护形成有力的保障。其中，投资促进包括投资环境与投资服务，为投资者在领土内投资创造有利的环境，并可能提供设立、清算、投资促进方面的咨询服务。投资促进通过影响政府外资政策与相关法规的制订与修正、针对特定目标进行投资促进活动、提供顾问咨询服务等，极大提升了投资规模。在投资促进条框架较为成熟条件下，投资便利化条款深化成为投资条款深化的主要领域与方向。投资便利化规则旨在提升投资措施的透明度和可预测性，行政程序和要求的精简和加快、国际合作和发展、有效的投资便利化规则，都可以带来更好的政策环境、更低的进入壁垒、更高的行政效率。投资便利化规则可以成为对外国投资者的一种强有力的激励，就投资便利化事宜展开国际合作以及争端解决机制完善，同时不会给东道国政府带来重大的财政负担。

在投资异质性条款六大类别深化方面，主要包括投资范围和定义、投资自由化、投资保护、社会和监管目标、制度架构及透明度、争端解决，对吸引外资研发企业存在直接的保障和促进效应。投资的范围和定义条款细化趋势，从"直接投资"拓展为"直接或间接投资"，丰富了投资范围和支付手段。投资自由化条款扩展了投资领域和范畴，国民待遇拓展至"准入前国民待遇加负面清单"，最低标准待遇涵盖了公平公正待遇以及全面保护，对安全待遇进行了宽泛规定，提高了投资政策透明度和投资自由化。投资保护条款增强了外资研发企业进入的制度保障，对于投资的征收及国有化进行了四种情况的严格限制，投资转移的便利性条款详细落地性强。社会和监管目标条款深化，保障协调了外资研发企业与东道国利益的一致性。制度架构及透明度条款深化，增强了外资研发企业所在国政策的确定性。投资争端解决条款深化，为吸引外资研发企业提供了事后全面的制度保障，对于投资争端解决规定更加详尽，更具自由性、高效性、透明性。

第四节　自贸区提升战略驱动引进外资研发中心的现实情境

高标准自贸区建设对外资研发中心存在显著的促进效应。在直接促进效应方面，包括投资条款深化降低市场准入和投资模式的限制门槛，尤其对于外资研发企业进入后的待遇、资产收益汇出、免于被征收和国有化、损失赔偿等方面，提供了投资每一环节的保护。在间接引致效应方面，包括在自贸区深化建设带来的贸易自由化、贸易成本的降低、生产要素的跨国流动，尤其对于创新型人才的培育、创新主体与平台构建、产业链创新链深度融合三方面，具有显著的促进作用。

一、高标准自贸区建设涵盖投资规则深化，增强外资研发中心吸引力

关于高标准自贸区建设，构建面向全球的高标准自贸区网络已经成为中国双循环战略的重要组成部分。2020年，中国加入全球最大的自贸区—区域全面经济伙伴关系协定，这是中国加入的第一个高标准的大型区域自贸协定，2021年中国正式申请加入《全面与进步跨太平洋伙伴关系协定》。中国FTA的深化特征，一方面体现为积极参与更高标准的自由贸易协定谈判，拓展自贸区网络的覆盖范围；另一方面增强对原有FTA按照更高标准进行升级，以提高自贸区的开放水平，在中国已签署的19个自由贸易协定中，有5个协定进行了升级。中国FTA协定的深化不仅体现在协定议题范围的持续扩展，更多的体现在规则深度的提升。在议题范围方面，尝试探索了"负面清单"方式推动服务贸易全面开放，增加了竞争中立原则、跨境电商、高标准的知识产权等新议题。在规则深度方面，协定条款向WTO+和WTO-X延伸，尤其是实现了完全超越WTO框架的WTO-X领域条款数量的快速增长。尤其从中国FTA横向深化来看，深度条款覆

盖主要集中在发达国家（地区），而在亚洲主要发展中国家深度条款覆盖率较低。中国 FTA 的 WTO+ 条款类别覆盖较广，而 WTO-X 条款类别覆盖率较低，且 WTO-X 条款覆盖仅集中在投资、知识产权协定延伸、环境法规等领域。

二、高标准自贸区建设驱动外资研发中心集聚升级

近年来上海外资研发中心加速集聚能级持续提升，已成为上海科创中心建设的主力军。加快外资研发中心设立和发展，有助于提振外商直接投资信心，加快推进上海科创中心建设，推动上海经济实现更高质量发展积极对接上海自贸区建设工作。

上海引进高水平外资研发中心，鼓励建设外国投资者在上海设立研发中心成为推动研发赋能产业升级，促进上海经济转型发展的重要动力。上海于 2020 年 11 月 1 日施行的《上海市外商直接投资条例》旨在聚焦更高质量引进外资，鼓励外国投资者在上海设立外资研发中心并升级为全球研发中心，将给予便利化措施，鼓励外国投资者设立开放式创新平台。从图 32 来看，上海外资规模与外资进出口贸易额自 2020 年以来呈现显著上升趋势。

为增强上海全球资源配置和科技创新策源功能，上海鼓励外国投资者设立研发中心。上海于 2020 年 12 月 1 日出台并施行了《上海市鼓励设立和发展外资研发中心的规定》，新规中明确了外资研发中心、全球研发中心、外资开放式创新平台的认定条件、申报途径以及支持政策，进一步支持外资研发中心的设立和聚集以及外资开放式创新平台发挥功能。重点支持措施包括：（1）海关"一站式"服务信息化平

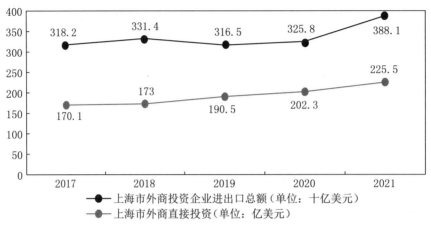

图 32　2017—2021 年上海外商直接投资情况

数据来源：上海市国民经济和社会发展统计公报

台，享受跨境通关便利。（2）支持外资研发中心通过开立自由贸易账户，享受跨境金融服务政策便利。（3）加强对研发人才的服务力度，优化研发人才配套服务，加大研发人才贡献奖励等。（4）税收资金支持，对符合条件的外资研发中心进口科学研究、科技开发用品，免征进口关税和进口环节增值税、消费税。（5）其他便利包括员工培训、住房补贴、研发用地保障、知识产权保护等方面按照规定予以支持。

第五节　主要研究结论

一、上海外资研发中心撤离对上海创新链产业链存在显著冲击

第一，上海外资研发中心撤离呈现一定扩大趋势。外资撤离现象

有所增加，但并未发展为涉及全行业及影响经济整体运行的"撤资潮"。撤资外企主要以劳动密集型传统制造业为主，也有部分服务业外资企业撤离中国市场，总体呈现产业链低端结构性转移趋势。撤离外资的流向呈现二元化，以发达国家及东南亚国家为主要目的国。在制造业转型背景下，部分地区外资撤离存在扩大趋势，可能会影响本地产业发展及就业稳定，有必要提前给予关注。

第二，外资研发中心撤离对上海创新链产业链存在双向影响。一方面，部分外企撤离中国市场后，国产品牌迅速填补行业空缺。另一方面，从宏观角度看，跨国公司撤资会导致上海制造业及相关产业的产出水平降低，尤其冲击了占据上海制造业市场份额较大的计算机与电子产品，且部分在上海市场被视为行业龙头的美资企业撤离，很有可能向其他外资企业释放出上海投资环境的负面信号，引起相关联行业的外资企业撤离；从微观角度看，外企撤离中国市场后，对企业产出、创新、竞争及就业和收入，均产生一定的负面影响。国际关系变动引致"高端"外资研发逐渐减少，关键产业链难以依靠外资保持与发达国家的研发关联。部分领域的外资研发机构"水土不服"，加上中资崛起，人才分化加重，被迫"离场"。

二、上海外资研发中心撤离呈现生物医药、信息技术等行业集聚

第一，上海外资研发中心撤离存在典型案例与行业。上海外商直接投资与研发中心整体呈现出缓慢成长的趋势，外商独资企业是上海外商直接投资的主体。上海外资研发中心主要集中在生物医药、信息

技术、汽车零部件和化工等行业，而从撤离的主要案例中可以发现，外资研发中心撤离行业集中在生物医药、信息技术行业。

第二，驱动上海外资研发中心撤离的主要因素有以下几点：（1）区位成本因素，外资研发中心选址上海主要原因包括上海的城市优势以及中国辐射亚太地区的市场能力；（2）跨国公司全球战略布局因素，跨国公司进行全球战略调整和业务重组，导致中国研发中心裁撤；（3）国际关系因素，以美欧为首的经济体不断在政治上弱化中国投资潜力的同时，印度作为外商直接投资选址国家的吸引力不断上升，削弱了中国包括上海的国际吸引力；（4）新冠疫情因素，2022年，由于上海受到新冠疫情的影响，相关政策直接影响了国际贸易的顺利进行，从不同程度引发了外资企业的战略调整动作。

三、高标准自贸区建设驱动上海外资研发中心集聚

第一，高标准自贸区建设驱动上海高水平外资研发中心。构建面向全球的高标准自贸区网络已经成为中国双循环战略的重要组成部分，高标准自贸区驱动上海引进高水平外资研发中心，鼓励建设外国投资者在上海设立研发中心成为推动研发赋能产业升级，促进上海经济转型发展。

第二，高标准自贸区有效吸引上海外资研发中心。高标准自贸区建设促进贸易自由化，削减关税并降低成员国间的贸易成本，促进生产要素的跨国流动，进而对外资研发企业投资存在显著的促进效应。

第六节　主要研究对策

一、"强链补链"畅通"双循环"，提升外资吸引质量

第一，强链补链应对外资跨国迁移，提升产业链安全水平。建立外资撤资预警及应对机制，健全产业链补齐短板。关注外资流向并及时评估其对产业链上下游行业的影响，针对撤资企业可能对产业链、供应链关键企业造成的影响做好产能补缺、需求对接、资金保障等工作，保障国内产业链稳定。在产业链关键环节补齐短板，健全产业链，凸显劳动素质、供应链成本、营商环境等优势，利用完善的产业链配套设施吸引更多的企业加入我们的产业链集群。积极推动外资来源地多元化，提升产业链安全水平。推动更多元的双边和多边贸易及投资协定落地，从产业互补、共生角度推动国际产业合作，如推动中日韩自贸区协定、中英自贸协定成功落地，深化产业合作。

第二，突出先进制造业等外资政策导向，提升中国市场外资吸引力。突出重点领域重点行业政策优惠，针对性吸引外资。根据《"十四五"利用外资发展规划》，政策支持先进制造业、战略性新兴产业和现代服务业等行业发展，鼓励发展绿色经济、数字经济。由此可注重推出重点行业领域优惠政策，鼓励研发主导型外资做优做强。以金融开放政策为先导，增强国际金融科技巨头吸引力。以外商直接投资准入特别管理措施（负面清单）金融业开放为基础，实质性降低金融业外资准入门槛和经营限制，增强吸引大型外资布局金融科技，推动绿色金融发展。

第三，发挥外资畅通"双循环"效应，提升引资项目质量。建立科学的引资质量评价体系，提高引资项目质量。充分发挥自贸区作为制度创新高地的高质量要素集聚功能，切实引导利用外资工作从"引资"向"引智"转变，通过引进外资完善、补齐国内产业链，畅通"国内采购、国内销售"的国内产业循环；创新引资方式，通过"以内引外""以外引外""以商引商"等多种方式，吸引优质外资项目，以嫁接国际优质资源，融入国际经济大循环。推动产业数字化转型，弥补要素成本上升压力。适度有序开放制造业外资进入，以全球价值链和技术差距二维视角出发甄别开放行业，鼓励研发主导型外资做优做强。通过产业的数字化、自动化、智能化降本增效，弥补与他国在人工成本、土地成本、税收成本上的差距。

第四，打造对外开放新平台，推进外商直接投资安全审查的细化落地。加快形成陆海内外联动、东西双向互济的新开放格局。加快制度创新步伐，提升内陆自贸区可持续发展能力。在"一带一路"格局下，积极谋划对接，大力改善营商环境，抓住数字经济和网络经济的后发追赶机遇，为接纳高质量外资项目塑造良好的产业环境。推动各地区形成竞争中性的市场环境，在准入前国民待遇加负面清单监管模式基础上平等对待外资企业，不断深化"放管服"改革，降低外资企业跨国经营的外部环境风险。加快外资进入前国家安全审查操作规定落地实施。注重推进"放管服"改革和推行外资进入负面清单管理，加大对于危及中国产业链安全和重大经济利益的投资项目审核，进一步完善《外商直接投资法》。不断优化包括知识产权保护水平在内的营商环境，适度加大地区层面的研发投入。

第五，加强外资银行资本合作，提升金融服务水平和国际竞争力。鼓励大中型和盈利能力强的商业银行加强与外资银行的资本业务合作。相关部门应当鼓励大中型和盈利能力强的银行更多地引入外资股东的风控体系和金融产品体系，加强与外资股东的监管沟通与相互合作，实现优势互补。在全面优化国内金融风险防控的前提下，可进一步提升外资持有中资银行股份的比例。鼓励中资银行增加外资持股比例，调动境外战略投资者参与中资银行经营管理的积极性，完善银行业外资退出机制，有效利用外资的正面外溢效应。针对不同资产规模、外资持股比例和盈利能力的商业银行，监管部门可以根据其经营特点和风险表现分类施策，匹配实施推动、鼓励或限制其对外开放的附加监管方案。

二、优化营商环境多措并举提升外资研发中心吸引力

第一，着力优化营商环境，多措并举推动外资"引得进、留得住和发展好"。政府部门应组织相关部门展开联合调研，进一步摸清外资研发中心面临的困难与政策诉求。结合各部门的职能，研究如何有效降低跨国公司在华研发成本，营造有利于外资研发中心在华发展的整体环境。回应外资企业核心诉求和利益关切，尽快明确相关出口管制政策，打消外资在华研发的疑虑。简化外资审批流程，完善外商直接投资准入前国民待遇加负面清单管理制度，确保外资企业平等享受各项支持政策。尤其是破除行业壁垒和地方保护，保持政策持续性和包容性，着力推动外资企业不仅要"引得进"，还要"留得住"和"发展好"。

第二，提升知识产权保护水平，鼓励其参与国家和行业标准制

定。结合我国的创新发展水平，对标 CPTPP 等高水平区域经贸协定关于知识产权保护的最新安排，努力缩小与国际知识产权新规则的差距；加快落实 RCEP 已达成的知识产权保护条款，对外释放公开透明、可预期的政策信号。同时，要加强知识产权执法力度，建立稳定的执法队伍和执法机构，形成统一的执法标准，提升执法效率和保护水平，消除后顾之忧。同时进一步提升专利审查与保护水平。提升专利审查程序的透明度和客观性，在驳回专利申请时提供更加充分的证据。加强对药品专利的保护，在实际操作中尽可能通过专利期限补偿制度补偿创新药物在上市审批流程中所延误的时间。鼓励外资集聚的地区为外资研发中心提供集专利快速审查、快速确权、快速维权于一体的一站式综合服务。

第三，扩大科技体系对外资开放力度，提升内外资协同创新水平。从中国研发支出的外资占比看（2020 年全球第 81 位），中国科技计划体系对外资开放整体不足，这也影响了外资企业在华的研发布局决策和研发强度，尤其是影响国际前沿科技的跨国研发合作。推动相关部门和地方政府在实施科技财税优惠、授予研发资助等方面建立更加公平透明的机制，发布英文版本的项目申报通知，及时向外资企业传达，并留出更长的反馈时间。同时，鼓励高等院校与产业界合作，搭建外资企业与高等院校交流平台，培养符合产业发展和企业经营需要的人才，夯实内外资协同创新的人才基础，提升协同创新水平。

三、发挥上海科创中心枢纽作用，提升跨境研发关联

第一，积极应对科技摩擦的同时，防止"研发脱钩"。中国为应

对科技摩擦而紧急出台的某些政策，主要以维护国家安全为目标（如争夺博弈主动权、防止先进技术扩散），难免会忽略其对于研发合作和开放创新的负面影响。例如，除前文述及的现行出口管制政策以外，未来出口管制制度的改革与完善还可能带来更多的不确定性，甚至增加"研发脱钩"风险。美国当前的出口管制制度改革中已经涉及"新兴和基础技术"的划分与界定问题，中国在未来也将不可避免地涉及这个问题。为了在立法与执法层面进行恰当的技术类别划分和管制范围界定，应当广泛动员产学研三方的力量，将其作为一种技术性问题加以解决，在维护国家安全的同时，避免泛化立法和过度执法。

第二，留住外资研发的"高端"环节，维持强劲有效的跨境研发关联。外资研发的"高端"环节往往具有较强的跨境研发关联，是中国维护开放创新大局、融入全球研发网络的重要渠道之一。调研发现，外资企业（特别是跨国公司总部）在安排"高端"研发任务时，主要考虑研发团队、研发设施和研发环境因素，较少考虑研发成本因素。2017—2019 年，在流入全国的国外研发资金减少 79%，北京、天津、广东分别减少 84%、99%、92% 的背景下，上海仅减少 33%，很可能就受益于上海市主动为外资研发中心创造良好环境的"挽留"作用。2017 年以来，上海市连续出台了多份支持和鼓励外资研发中心发展的政策文件。这些政策不仅有助于吸引外资研发中心落户、支持外资研发中心升级，还可以帮助外资研发中心从总部争取到更核心的研发任务，值得其他外资集聚地区学习和推广。例如：合理制定研发用地容积率等控制指标，保障外资研发中心的合理用地需求；为外资研发中心提供包括跨境筹资、技术贸易、特许经营、资金集中管理在内的可兑换跨境金融服务；外资研发中心可以用"创新券"共享共用研发公共服务平台的大型仪器设备及相关研发实验服务；加强对外资研发中心的知识产权保护，通过专利优先审查等途径，开展集专利审查、快速确权、快速维权于一体的一站式综合服务；为外资研发中心聘雇的海外高层人才，提供更便捷、长期的停居留便利等。

第三，加快外资融入国内研发体系的步伐，促进外资研发机构与国内研发的紧密关系。外资研发机构往往都建立了一定的本地研发合作关系，包括与国内高校、科研机构或企业的委托研发、合作开发或成果产业化合作等。但与发达国家相比，外资在华研发合作关系仍然较为疏离，外资对于国内研发体系的融入程度不足。根据调研，大多数外资研发机构对于参与政府主导的科技计划项目抱有较大的兴趣，这种兴趣主要来源于了解政府对研发方向的规划、融入本地科研机构的交流圈、向母公司展现本地化成绩的意愿。但在现实中，由于计划项目透明度不足、申报时间过短、经费管理模式复杂、知识产权归属风险等问题，外资研发机构很难参与到政府科技计划项目中。对此，各级政府及相关部门应着力消除外资申报科技计划项目的隐性障碍，甚至试行向外资开辟专门的"绿色申报通道"，帮助外资提升对国内研发体系的融入感和归属感。

四、以高标准自贸区建设"上海"范本，推动吸引高水平外资研发中心

第一，构建面向全球的高标准自贸区网络，有助于实现中国高层次对外开放和高水平对外开放的战略的协调统一。中国应更加重视 FTA 战略中向 WTO-X 领域的深化与拓展，实现深度条款的全面

覆盖，积极对标 RCEP 和 CPTPP 的高标准规则，通过原有协定的升级和新协定的拓展，在充分覆盖 WTO+ 领域的基础上积极向 WTO-X 领域拓展，同时积极寻找潜在的 FTA 伙伴国，更要着重实现 FTA 深化，通过协定升级以及对更高标准的 FTA 进行谈判，全面推进中国高标准自贸区战略，进而吸引高水平外资研发中心。

第二，高标准自贸区建设战略应着力推进投资深度条款的垂直深化，努力形成"中式范本"。FTA 投资条款深化对于双边高水平投资具有重要的促进和保障作用，应着重增强投资领域的条款细化，不仅要重视投资深度条款覆盖范围的扩大，更要强调对某些存在漏洞的领域进行垂直深化，尤其要以投资便利化领域为重点，提高 FTA 深度条款的透明度和规制力，为鼓励设立外资研发中心、设立外资开放式创新平台创造良好条件。具体来看，通过签署备忘录形式细化和补充投资便利化条款，对原有协定的某些领域，如规范投资规则文本措辞、推进"准入前国民待遇加负面清单"模式转变、完善争端解决机制等进行协定深化，通过协定之间更多子条款内容的深度融合，实现高标准自贸区网络的构建，推动贸易更加便利化，进一步支持外资研发中心在上海的集聚与成果转化。

第三，高标准自贸区建设应对标 CPTPP，促进 FTA 深化的重点领域合作。CPTPP 具有全面性、进步性、创新性、开放性，涉及涵盖服务贸易、投资领域、环境保护等等前沿领域。中国已经和世界上 130 多个国家签署了有关"一带一路"的合作备忘录或者协议。以此，中国高标准的 FTA 网络构建，依托"一带一路"平台，在 RCEP 基础上着力加入 CPTPP，对标 CPTPP 范本推进与缔约国在政治、要素流动和研发合作领域的条款深化，形成涵盖发达国家、发展中国家和新兴市场国家协定网络，为全球投资规则重塑贡献经验，在构建更高开放水平的自贸区网络形成 FTA 深化的"中国范本"，适应外资研发中心发展的新趋势，进一步建设高质量外资集聚地。

第四，加快人力资源集聚并提升知识产权保护，研发人才的供给是吸引外资研发中心投资的重要因素，同时应加快我国知识产权保护制度与国际标准相接轨的进程。结合上海经济发展，形成以提升人才质量为主，提供知识产权保护为辅的模式，打造全球化人才枢纽，形成科技创新中心，提高上海的人才竞争力，吸引高水平外资研发中心入驻，并从立法执法等多方面改善法律保护不力和知识产权侵权起诉困难等问题，使得知识产权保护与人力资本水平协同提升，为上海引进高水平外资研发中心营造良好的营商环境，保护市场主体的创新积极性，给予跨国公司进入上海市场的信心。

第五，重视高水平外资研发中心本土化的培育。首先要增强内外资研发中心间的技术互动，当前大多数外资研发中心只服务于其母公司的全球创新战略，对本地技术创新的溢出和扩散效应有限。因此，政府部门不能只注重引进数量，而需要制定能够发挥外资研发中心技术带动的相关政策，增强其社会根植性，使之融入上海本地的科技创新网络。其次要加强高水平外资研发中心与上海当地体系的融合程度，实现外资企业与本地企业的资源共享和优势互补，帮助本土企业加入外资企业全球研发体系，实现研发的规模效应。最后，提供良好的环境，增强外资的海外研发适应性。目前上海所实行的鼓励外资研发中心的规定中针对研发机构与科技创新人员的优惠政策皆有涉及，未来应更加重视针对"领军人才"的政策优惠与服务，提升对全球高科技创新人才的聚集能力。

第八章
自贸区提升战略驱动上海国际数字贸易发展

    作为全球经济变革的重要组成部分，数字经济正在全球范围内不断增长，成为引领全球经济新一轮发展的重要引擎，也是国际贸易转型升级的重要突破口。上海持续推进国际经济、金融、贸易、航运和科技创新等"五个中心"建设，"十四五"规划提出做强做优"五型经济"，基本建成在全球贸易投资网络中具有枢纽作用的国际贸易中心。当前国际数字贸易国际规则呈现出区域化、碎片化和差序化的特点，RCEP 等高标准数字贸易规则，提供了上海数字贸易规则创新深化的参考范本。但上海国际数字贸易规则仍聚焦在电子商务和电信等传统领域，在数据跨境流动与知识产权等方面仍存在较大贸易壁垒。在国际数字贸易规则方面，上海相关数字贸易规则尚未完成"边境"领域向"边境后"领域转变，数字贸易发展存在"重数字贸易企业、轻数字贸易规则"现象，未能形成跨境数据流动监管体系，临港新片区数字贸易规则制度创新也存在一定的滞后性。由此，可尝试出台跨境数字贸易负面清单，通过加快尝试临港新片区单独立法，推动高标准数字贸易规则压力测试，通过探索实行数据分级分类制度，加强数字贸易的智慧监管，以高水平对外开放推进数字贸易发展。

第一节　上海发展数字贸易基础动力与趋势特征

随着数字贸易日益成为全球贸易活动的重要组成部分，跨境数据传输速度不断加快、技术加速升级。以区位为研究要素，上海数字产品贸易在贸易政策议程上的重要性不断提升；以时间为研究要素，2020 年后，数字传输为国际贸易提供更快速、更便捷的贸易方式，并为传统贸易不断赋能，改善地理局限性带来的贸易障碍。数字产品既可以通过有形载体来传输，也可以通过电子方式传输，国际数字产品贸易以信息通信技术为依托，为上海经济提供新动能。

一、开放枢纽门户制度优势，带动上海数字贸易顺差稳步增长

临港新片区、虹桥商务区等开放区位优势，夯实数字贸易发展的制度优势。发展数字贸易最优区位是自贸区，上海作为中国自贸区领先城市，以浦东新区、自贸区和临港新片区等多项区位为上海数字产品贸易发展带来禀赋提升、带动上海数字贸易高水平制度型开放，上海国际数字贸易中已形成极具影响力的区域性数字贸易平台。随着数字内容越来越多地融入国际贸易体系，上海不断探索能够适应数字产

品贸易的谈判方法，不断深化服贸领域改革开放，通过数字贸易规则的创新实践，以形成与国际接轨高水平数字贸易开放体系路径。

上海数字贸易顺差呈现扩大趋势，数字贸易进出口额稳步增长。从表35来看，2019—2021年上海数字贸易进出口总额呈现高位波动。一方面，上海外资数字企业大量引入，积极引导上海本土数字企业孵化，提升了数字贸易本土企业的竞争；另一方面，随着外商直接投资便利化与创新贸易结构升级，上海加强数字产品贸易进口，促进了数字经济阶段升级，提升了数字企业贸易竞争力。

表35　2019—2021年上海数字产品贸易进出口额（单位：亿美元）

年份	2019	2020	2021
数字产品贸易出口额	714.72	846.92	714.27
数字产品贸易进口额	544.02	612.09	631.54
数字产品贸易进出口总额	1258.74	1459.01	1345.81

数据来源：依据 UNCTAD 数字贸易统计标准，获取计算机及外围设备、通信设备、消费类电子产品、电子元件和杂项电子产品等 HS6 位码产品，从《国研网统计数据库》（简称"国研数据"）的《对外贸易数据库》整理得到上海对世界各国数字贸易进出口数据。下同。

二、数字贸易以计算机设备、通信设备和电子元件为三类产品为主体

上海数字贸易呈现产品集聚特征，以电子元件、计算机及外围设备以及通信设备三类产品为主体，并且数字产品贸易顺差规模呈现波动上升趋势（见表36）。具体来看，一方面，作为电子元件产销规模最大的城市，上海电子元件数字产品进出口规模最高。自 2019 年以

表36　2019—2021年上海数字产品贸易分产品进出口额（单位：亿美元）

年份	2019	2020	2021
计算机及外围设备进出口额	355.12	452.44	386.36
通信设备进出口额	218.98	239.94	174.31
消费类电子产品进出口额	21.18	21.33	20.91
电子元件进出口额	653.32	736.51	750.28
杂项电子产品进出口额	44.69	49.06	48.77

数据来源：《国研网统计数据库》（简称"国研数据"）的《对外贸易数据库》

来，贸易逆差呈现缩小趋势，这在一定程度上表明电子元件数字贸易产品供应链转型升级，不断扩大国际市场融合度，产品出口技术复杂度的提升。另一方面，计算机设备作为数字贸易市场主体的重要组成产品，贸易规模呈现平稳增长态势。作为数字贸易新型基础设施建设重要组成部分的网络设备，支撑大数据、人工智能、工业互联网等领域的上层应用，上海主要出口产品包括以太网络交换机和路由器，占计算机设备总出口额比重超50%，并对其他数字贸易产品进出口增长形成带动作用。通信设备数字贸易规模呈现波动下降态势，以无线产品、网络产品、终端产品三大数字产品为主体。通信设备贸易市场占有率的关键影响因素，包括品牌、质量、价格和服务，上海作为极具规模的通信设备制造生产基地和销售市场，承载了较大的生产与销售比重，已经成为通信设备进出口的重要枢纽城市。

与总体贸易规模一致，上海数字贸易出口以计算机及外围设备、电子元件、通信设备三类产品为主体。如表37所示，2019—2021年计算机及外围设备出口规模最高，其次是电子元件与通信设备，尤其是电子元件出口呈现显著上升趋势。这在一定程度上表明，上海企业

表 37　2019—2021 年上海数字产品贸易分产品出口额（单位：亿美元）

年份	2019	2020	2021
计算机及外围设备出口额	269.68	354.23	280.86
通信设备出口额	192.88	216.34	130.83
消费类电子产品出口额	13.66	15.95	15.09
电子元件出口额	240.01	266.51	288.41
杂项电子产品出口额	21.57	18.43	20.34

数据来源：《国研网统计数据库》（简称"国研数据"）的《对外贸易数据库》

贸易数字化转型趋势促进了数字产品贸易出口，不断提升上海数字贸易的全球影响力、竞争力和辐射力。

上海数字贸易进口以电子元件为单一主体，进口规模远超计算机外围设备。2019—2021 年上海数字产品贸易以电子元件进口为主要产品，以光电线缆、电声器件为主的电子元件进口规模呈现显著上升趋势。电子元件进口规模的显著增长，一方面与近年来上海新能源汽车、物联网等新兴领域带来电子元器件需求增长相关，另一方面与上海加快数字产品技术研发和新型基础设施建设，数字产品产业跨国合

表 38　2019—2021 年上海数字产品贸易分产品进口额（单位：亿美元）

年份	2019	2020	2021
计算机及外围设备进口额	85.44	98.22	105.50
通信设备进口额	26.10	23.60	43.48
消费类电子产品进口额	7.52	5.38	5.82
电子元件进口额	413.31	470.00	461.87
杂项电子产品进口额	23.12	30.63	28.43

数据来源：《国研网统计数据库》（简称"国研数据"）的《对外贸易数据库》

作网络增强密切相关。此外，作为数字产品进口额占比较高的计算机网络设备，进口以网络交换机和有线网络接口卡产品为主，为计算机网络设备市场提供进口零部件，促进数字产品贸易生产供应链的稳定。

上海数字贸易伙伴国呈现发达国家集聚特征。以国别来划分，上海数字贸易进出口总额最高的是美国，其次是日本和韩国。在上海数字贸易额进出口较高的伙伴国中，呈现以发达国家集聚特征。这一定程度上表明，在全球数字贸易网络中，上海拥有开放门户枢纽先天区位优势，通过不断深化服贸领域改革，不断完善上海数字产业体系，通过完善工业互联网网络基础设施和产业体系、集聚全球领先的通信技术生产和服务企业，成为发达国家数字贸易的发展重要供应链与产业链贸易基地。

表39 上海数字贸易国别进出口总额（单位：亿美元）

国家	2019年	2020年	2021年	国家	2019年	2020年	2021年
美国	197.91	222.06	186.62	墨西哥	12.08	11.72	13.07
韩国	89.42	106.92	127.30	印度	8.71	8.33	12.35
日本	124.63	120.51	116.09	澳大利亚	11.82	7.88	9.54
越南	52.04	85.14	91.90	意大利	6.92	6.00	8.16
马来西亚	73.44	74.32	71.10	加拿大	6.67	6.42	6.63
新加坡	51.04	43.22	42.61	俄罗斯	5.17	4.93	5.68
泰国	17.04	16.21	26.39	巴西	1.56	2.00	3.08
德国	27.56	24.98	23.62	法国	3.28	2.36	2.44
菲律宾	19.13	16.93	18.28	印度尼西亚	2.23	2.20	2.39
英国	19.38	15.97	15.18	西班牙	1.45	1.21	1.76

数据来源：《国研网统计数据库》（简称"国研数据"）的《对外贸易数据库》

三、长三角数字产业集群优势，夯实上海数字贸易产业链基础

上海具备完善的数字贸易发展的产业链供应链基础。上海市作为口岸货物、服务贸易进出口总额均保持世界城市前列的中国城市，其优越的地理位置以及经济实力，为其发展数字贸易产业链构建奠定了基础。2019 年以来，上海先后发布《上海市数字贸易发展行动方案（2019—2021 年）》《上海加快发展数字经济推动实体经济高质量发展的实施意见》《推进上海经济数字化转型赋能高质量发展行动方案（2021—2023 年）》，实体经济数字化转型加快，推动整个数字产业发展的裂变，新型服务贸易广度深度获得了更高程度的发展，已率先实现"双千兆宽带城市"的建设目标，工业互联网核心产业规模达到 1500 亿元，巩固了数字贸易发展的本土企业的产业链和供应链基础。

上海数字贸易呈现产业区域聚集效应，进一步凸显长三角数字经济的领头羊地位。在数字贸易三角产业集群中，上海数字产业集聚区呈现以计算机及外围设备、通信设备与电子元件为主要内容、衔接国际数字贸易市场的分工雏形。上海带动长三角信息产业集群作为进口电子元件、扩展计算机和通信设备出口的重要数字贸易基地，通过加强上海市本土企业自身数字产品研发智能，在"五个中心"建设目标指引下，提供能够满足新时代下数字贸易需求的数字网络核心基础设施、智能化软硬件基础设施支撑的贸易环境，带动提速长三角数字经济发展。

四、上海国际贸易中心能级提升，推动上海全球数字贸易枢纽建设

上海外贸综合竞争新优势，夯实全球数字贸易枢纽中心建设基础。通过充分发挥城市服务功能综合优势，依托洋山港和浦东机场"两大枢纽港"，利用临港新片区、虹桥开发区特殊政策，推动数字贸易规模进一步开放和发展。通过以货物运输功能为核心向以数字服务功能为核心转变，支持电商"走出去"加快发展"海外仓"，打造离岸贸易、转口贸易、跨境电商等数字贸易发展高地。通过吸引全球数字要素资源、跨国公司总部集聚上海，搭建全球资源整合和要素聚集新平台，提升上海在全球数字贸易定价话语权。

RECP 等高水平自贸协定深化，提升上海数字贸易发展的规则优势。2019—2021 年，上海同 RCEP 成员国数字贸易额较高国家为韩国、日本、越南，其余大部分 RECP 成员国贸易额均在 50 亿美元以上。

表 40　上海与 RCEP 成员国数字贸易状况（单位：亿美元）

国家	2019 年	2020 年	2021 年
韩国	89.42	106.92	127.3
日本	124.63	120.51	116.09
越南	52.04	85.14	91.9
马来西亚	73.44	74.32	71.1
新加坡	51.04	43.22	42.61
泰国	17.04	16.21	26.39
菲律宾	19.13	16.93	18.28
印度	8.71	8.33	12.35
澳大利亚	11.82	7.88	9.54
印度尼西亚	2.23	2.2	2.39

（续表）

国家	2019 年	2020 年	2021 年
新西兰	0.59	0.45	0.61
老挝	0.02	0.03	0.02
缅甸	0.07	0.04	0.02
文莱	0.01	0	0

数据来源：《国研网统计数据库》（简称"国研数据"）的《对外贸易数据库》

上海与 CPTPP 成员国具有较大的数字贸易发展潜力。2019—2021 年，上海同 CPTPP 成员国数字贸易进出口总额最高的成员是日本，其次是越南，排在第三位和第四位的是马来西亚和新加坡。受地缘政治、全球经济形势影响，在数字贸易波动下降趋势下积极谈判加入 CPTPP，将会进一步发挥上海同 CPTPP 成员国较大的数字贸易发展潜力。

表 41 上海同 CPTPP 成员国数字贸易状况（单位：亿美元）

国家	2019 年	2020 年	2021 年
日本	124.63	120.51	116.09
越南	52.04	85.14	91.9
马来西亚	73.44	74.32	71.1
新加坡	51.04	43.22	42.61
墨西哥	12.08	11.72	13.07
澳大利亚	11.82	7.88	9.54
加拿大	6.67	6.42	6.63
智利	0.58	0.83	0.64
新西兰	0.59	0.45	0.61
秘鲁	0.23	0.21	0.22
文莱	0.01	0	0

数据来源：《国研网统计数据库》（简称"国研数据"）的《对外贸易数据库》

第二节　上海发展国际数字贸易的难点与挑战

一、贸易领军企业和巨型平台短缺，国际数字贸易定价能力弱

数字贸易龙头主体规模优势不突出，全球影响力、资源配置力仍然较弱。上海在工业互联网、垂直电商、跨境电商、网络支付等领域存在一定优势，但尚未形成具有全球影响力的数字贸易引领性企业、平台、大型数字服务提供商总部，数字贸易辐射范围、影响力有限。2019年，上海市发布了《上海市数字贸易发展行动方案（2019—2021年）》，提出要打造具有全球影响力、资源配置力和创新驱动力的数字贸易龙头企业，加快建设成为全球范围内要素高效流动、数字规则完善、总部高度集聚的"数字贸易国际枢纽港"。但受到中美贸易摩擦等多种冲击，与北京深圳等一线城市相比，目前数字贸易发展仍然缺乏大型平台型企业和独角兽企业数量优势，在龙头企业数量、大型平台型企业与独角兽企业数量均处于落后地位，尤其是专利创新方面仍处于滞后状态（见表42）。

表42　主要城市国内专利授权状况

主要城市	2016 年	2017 年	2018 年	2019 年	2020 年	2021 年
深圳	75038	94292	228636	166582	222424	279099
北京	100578	106948	123496	131716	162824	198778
广州	12259	60270	173301	104906	156000	189834
上海	64230	72806	92460	100587	139780	179317

数据来源：国家知识产权局

上海全球数字贸易平台匮乏，数字贸易总体竞争力不强。在全球数字贸易平台业务分布方面，全球具有影响力的数字贸易平台主要集聚在北京，在上海的业务有限：亚马逊相关的国际物流和供应链管理等服务，中国总部设在北京、上海的业务有限；微软与我国的世纪互联合资提供云服务，作为全球具有重要影响力的网络空间基础设施服务提供商，总部设在北京，在上海的营运中心仅向国内市场客户提供互联网平台解决方案；谷歌以人工智能为主，且处于试探性进入阶段。此外，国内三大全球数字服务平台总部都不在上海，上海只是承担区域业务功能：百度总部设于北京，上海的定位主要以技术开发为主；腾讯总部设于深圳，北京作为腾讯门户基地，上海作为营销中心配合腾讯在华东地区的发展；阿里巴巴的总部设于杭州，目前正在打造北京和杭州双中心。总体而言，上海本土具有影响力的全球数字贸易平台匮乏，大部分上海数字贸易企业借助苹果应用商店为国内用户服务，跨境数字服务较少。

部分核心数字贸易仍处于逆差趋势，数字产品定价能力较弱。以数字版权贸易为例，版权贸易逆差明显，呈现结构失衡状态，能够进行国际数字版权贸易的企业上海仅有 5 家，而只有上海外文图书有限公司属于完全的上海本土类企业。此外，现阶段数字贸易知识产权保护机制尚不完善，一是无法为数字贸易的诸多细分领域和新兴领域提供保护，比如现行的数字版权保持机制无法为算法新闻提供有效保护；二是数字贸易知识产权新案件的审理既没有法律制度的参照，也缺乏相关的经验借鉴。

二、数字贸易创新策源能力不强，底层技术和核心优势薄弱

上海在数字经济产业链供应链体系研发能力与自主创新能力偏弱。在数字贸易核心技术方面，重大数字技术装备、关键数字基础零部件、关键数字基础材料、关键数字基础软件，是支撑整个数字经济生态系统发展的基石。在数字经济产业链供应链体系中，上海在基础软件、核心零部件、关键设备等方面仍存在研发能力不强、技术储备不足、自主创新能力偏弱、自给率低、对依赖性较高等问题，高端产品供给不足。目前，上海在核心数字技术上整体处于跟随状态，特别是芯片、算法等关键领域的核心专利数量较低，关键技术的影响力和话语权不强，近五年专利信息数量全国排名第三，AI 企业数量远低于北京深圳。例如，在集成电路领域，2021 年集成电路成为上海最大类进口商品，占全市进口总值的 12.2%；在工业软件领域，西门子、达索、Autodesk、ANSYS、PTC 等欧美工业软件巨头占据工业软件核心技术等等。

上海数字贸易发展面临数字技术人才缺失问题。根据中国信息通信研究院《数字经济就业影响研究报告》指出，2020 年，中国数字化人才缺口接近 1100 万，高科技人才培养和储备方面不足制约了上海数字贸易的发展。尤其是在研发能力与自主创新能力方面的数字化人才缺乏，对数字化技术更新迭代形成阻碍，制约了上海数字贸易创新策源能力的提升。

三、数字贸易企业面临跨境电子商务到全球数字贸易转型挑战

中美贸易摩擦对数字贸易企业参与跨境电子商务平台形成约束。以上海数字贸易企业为例，美国四批加征关税清单波及 94% 对美贸易的中小企业，对美出口六成以上的出口商品在加税清单。受中美博弈贸易摩擦持续、市场忧虑与恐慌因素，叠加限制数据跨境自由流动、阻碍企业获取数字技术产品等新兴数字贸易壁垒影响，对美核心数字贸易额将持续下滑。

贸易生态系统更迭缓慢、数字信息闭环不完善等，限制了上海数字贸易企业转型。通过调研发现，数字贸易中零单贸易的常态化，要求更为便利化和生态化的贸易操作系统，但当前供应链环节线上化程度较低且服务质量较差，跨境电子商务平台难以留存交易全环节数据，制约了上海外贸企业的数字化转型。此外，依赖于传统跨境电子商务发展模式，当前贸易生态系统忽视了平台企业和中小企业新兴贸易的诉求，不利跨境电子商务的创新，亟需构建以数字化外贸操作系统为底层支撑。另外，数字信息不完善会进一步放大引进海外中小企业的风险，导致供应商质量参差不齐，不利于上海全球数字贸易平台建设。

四、中小企业普遍缺乏二次创业的意识，阻碍数字贸易核心竞争力的培育

部分中小贸易企业消极数字化、抗拒数字化，数字贸易核心竞争

力培育不足。调研发现，数字贸易普惠化效应对于中小企业影响更大，不善于数字化工具转型的企业面临更为激烈的市场竞争，但上海中小贸易企业消极数字化现象较为普遍。一方面，企业数字化意味着更高的短期运营成本和更透明的行业竞争，对依赖传统贸易线下渠道企业，数字贸易转型带来巨大的变化与挑战，部分企业并未有清晰的战略意识。另一方面，中小企业简单地将跨境电商平台作为线下销售渠道的一个补充，或仅是被动接受平台推荐的数字化工具，缺乏主动了解数字化工具的意愿。

中小企业缺乏独立数字贸易运行能力，阻碍企业核心竞争力的打造。调研发现，上海部分中小贸易企业数字贸易核心竞争力较低，主要有三方面原因：一是数字技术难以独立掌握。相较互联网基础技术，人工智能、大数据、云计算等数字技术要求更高，特别是对中小企业而言，独立掌握多门数字技术是十分困难的。二是数据信息难以独立获取。在消费互联网向工业互联网转型过程中，企业需要掌握全面的数据信息，以直接反映消费者的个性化需求，这对中小企业来说是十分困难的。三是数字人才难以独立培育。培育数字人才需要投入大量资源，部分中小企业即使重视数字人才，也很难与大企业抢夺数字人才。

五、数字贸易总体规模较小，全球数字产业链竞争力仍有不足

上海数字贸易规模全球占比较低，数字贸易竞争力仍然较弱。根据附表数字贸易所涉及的行业梳理，从数字贸易行业来看（见图

33），上海数字贸易以计算机及外围设备、电子元件、通信设备三类产品为主体，数字贸易进口以电子元件为单一主体，进口规模远超计算机外围设备，电子通信设备、电子计算机制等方面具有一定规模优势，但是在信息制造业以及数字保险、数字文化等贸易规模仍然偏小。从数字服务贸易四个大类来看，在数字化内容服务方面具备一定规模优势，但在搜索引擎和社交媒体方面的竞争力较弱。

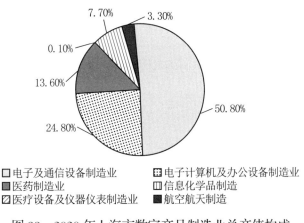

图 33　2020 年上海市数字产品制造业总产值构成

数据来源：《国研网统计数据库》（简称"国研数据"）的《对外贸易数据库》

数字贸易在服务民生、服务管理以及市场环境等方面存在一定程度的短板，制约上海全球数字产业链竞争力的提升。根据赛迪顾问《2020 中国数字经济发展指数（DEDI）》，中国数字经济发展指数上海位居全国第五，在整体上落后于北京、广州、深圳等一线城市，其中在基础、产业、融合、环境 4 个一级指标中，上海数字经济基础指标水平排名第 11（见表 43），一定程度上反映出数字经济相关基础设施的建设滞后，对上海国际数字贸易基础设施形成制约。

表43　2020年中国31个省（区、市）数字经济基础指标

排名	省（区、市）	数字经济基础指标	排名	省（区、市）	数字经济基础指标
1	广东	58.4	17	山西	29.0
2	北京	51.5	18	陕西	28.0
3	江苏	51.1	19	重庆	27.8
4	浙江	47.7	20	云南	27.5
5	山东	42.8	21	天津	24.8
6	河南	40.6	22	贵州	23.9
7	四川	40.5	23	黑龙江	23.2
8	福建	40.3	24	甘肃	22.0
9	河北	40.1	25	吉林	20.9
10	湖北	38.8	26	内蒙古	20.5
11	上海	37.5	27	新疆	19.9
12	江西	32.4	28	海南	18.4
13	湖南	31.6	29	青海	15.9
14	广西	30.9	30	宁夏	15.1
15	辽宁	30.6	31	西藏	9.6
16	安徽	29.8			

　　上海不同数字贸易行业以及大中小型企业间出现数字技术发展不平衡，覆盖数字贸易等核心领域的智慧口岸服务体系尚未成型，数据孤岛联通协调难问题仍然存在，缺乏特色科技创新领域，在数字化赋能设备产业增加值方面较为落后。在数字贸易服务民生方面，仍然欠缺一个完整的、系统的网络社会体系，尽管先进数字技术在智能物流、医疗等多领域得到应用，但是应用场景呈现碎片化的态势，且并不涉及数字贸易行业核心业务，难以进一步拓展经济增长的空间。

　　在数字贸易服务管理方面，上海市政府推出的"一网通办"服务

平台，在很大程度上实现了数字贸易服务的普及，但大多是针对年轻群体，在中老年群体中存在显著的数字鸿沟问题。在数字贸易市场环境方面，数字经济发展扩大了地方经济法的适用范围，需要对相关经济法理论予以拓展。目前，上海市地方法仍在探索尚未给出答案，缺乏营造一个公平竞争的良好市场环境的能力。在全球城市营商环境评价体系中，数字贸易相关的跨境贸易便利度、法治保护力度指标方面仍处于相对落后的水平。

六、跨境数据流动存在显性壁垒，数字服务支撑体系尚未成型

数字贸易统计测量核算存在统计标准差异，数字贸易多头管理问题突出。上海数字贸易产业尚未形成规范化体系，存在法规制度不尽完备、头部企业参与不足、基础设施尚不完善、统计方式仍未统一、监管模式需要创新等问题。此外，数字贸易带来的安全问题也不容忽视，包括数字贸易安全性难保障、数据权属不清、数据流通标准具体细则缺失。当前数字贸易较多使用的方法包括增加值测算、"信息化指数"以及构建卫星账户衡量，且从中国统计运用的产品分类数据中剥离出具体的数字贸易部分的难度较大。在数据跨境过程中，数字贸易监管政策不同产生数据壁垒，数字贸易征信过程存在数据造假、篡改等问题，跨境数据信息传输过程也存在一定的数据泄漏风险。

数字贸易新就业形态相关政策服务支撑不足。数字贸易新就业形态下劳动者与平台型企业的关系界定是社会长期争论的焦点，劳动者在平台抽成机制等核心问题上缺乏议价能力，劳动者缺乏正规就业中

劳动法所规定的社会保障和劳动关系协调渠道，越来越多的就业人员在养老保险和医疗保险体系之外，会对个人和社会形成风险，长期的矛盾积累将给社会稳定带来潜在的威胁。此外，新业态的发展对年轻劳动力的短期吸纳能力，会影响人力资本的长期积累。

七、RCEP 高水平条款对核心数字贸易产品出口带来挑战

数据隐私、数据传输和消费者保护条款对企业数字产品出口形成潜在挑战。[1] 通过调研发现，虽然 RCEP 关于数据自由传输、禁止服务器本地化、提高消费者隐私与保护以及服务自由化的规定，对企业数字贸易形成显著的政策红利，但是部分高水平条款也可能对企业出口带来阻碍。一方面，数字贸易企业特别关注外国的数据隐私条款，40% 左右的企业认为 RECP 协定中数据本地化和复杂的在线消费者保护条款可能对企业出口形成约束，38% 的企业将数据本地化视为提高数字贸易的主要障碍。另一方面，针对大部分中小数字贸易出口企业，数据传输及数据隐私直接对企业数字产品出口形成挑战，其中消费者保护条款和知识产权保护制度，也形成了企业数字贸易出口的潜在阻碍因素。

数据隐私条款、企业数字身份解决方案等协定条款执行，成为影响核心数字贸易出口的关键。通过调研发现，大部分企业认为若要增加数字贸易出口，首先确保其贸易伙伴拥有明确且兼容的数据隐私条

---

[1] 在调研过程中，综合应用了问卷调研、电话及在线交流、实地访谈等多种方式，对企业调研数据进行多轮核实、验证，排除不合理数据，力图最大程度的全面、真实、客观和准确的评估当前数字贸易发展情况。

款，希望政府层面能够加大新兴隐私保护技术的采用，如加密和机密计算技术，并将这些技术作为小型企业管理用户数据隐私的一项重要手段。在 RCEP 条款执行方面，更加关注降低数字贸易关税、在线销售责任条款完善、企业数字身份解决方案推广等措施，以提高数字交易的可信度。此外，企业还希望扩大该协定的使用范围，如确保金融服务数据的自由跨境流动，并构建数字化标准，以便不同成员的数字平台可以实现互联互通。

八、知识密集型数字贸易发展不均衡，制约企业数字贸易核心竞争力

知识密集型数字贸易发展增速快，但核心数字贸易发展存在结构性失衡。知识密集型服务贸易作为上海数字贸易的核心组成部分，部分核心数字服务贸易发展存在一定滞后。商务委数据显示，2021 年，上海知识密集型服务贸易 946 亿美元，同比增长 27%。根据 2019 年分行业数据来看，上海服务贸易出口重点行业依次为专业管理和咨询服务（37.00%）、运输服务（20.96%）、电信计算机和信息服务（15.10%）、其他服务（9.67%）、技术服务（8.55%）。专业管理和咨询服务、运输服务等传统数字服务贸易仍然是主要组成部分。

部分核心数字贸易行业发展渗透率较低，对数字贸易能级提升形成制约。[1] 根据 2021 年分行业数据，"电信计算机和信息服务"、技

---

[1]　所谓数字渗透率，即完全以数字化形态交付和数字化手段订购的服务贸易金额占企业全部服务贸易金额的比例。

术服务中的"知识产权使用费"[1]、"金融保险服务"和"其他商业服务"的数字渗透率较低。"知识产权使用费"发展直接关系到数字技术及服务标准出口，但当前上海知识产权保护制度尚处于探索阶段，亟待通过运用大数据、人工智能、区块链等技术，对知识产权侵权行为进行预警监测，以数字技术推动知识产权高质量发展。此外，"金融保险服务"和"其他商业服务"的数字渗透率低于全国服务贸易数字渗透率的平均水平，这对于互联网保险服务、银行数字金融服务、数字资本市场服务发展均形成显著制约，对于场景广泛数字化使用、服务贸易数字化的转型升级造成阻碍。

第三节　上海国际数字贸易规则现状与主要特征

全球化进入"贸易驱动"时代，区域自由贸易协定呈现数字经济规则水平深化与垂直深化趋势。当前全球逐渐形成了以《区域全面经济伙伴关系协定》《全面与进步跨太平洋伙伴关系协定》《数字经济伙伴关系协定》《美日数字自由贸易协定》（简称 UJDTA ）等为主的典型全球数字经济治理模式。2019 年美日签订 UJDTA，该协定在《美墨加协定》（简称 USMCA ）基础上达成，针对数字经济领域规则进行了规定，彰显了美国希望主导数字治理的意图。DEPA 则由新加坡、新西兰和智利签署，代表小型经济体在数字治理方面的利益。RCEP

---

[1]　"知识产权使用费"指其他未涵盖的以数字技术研发、通过数字化手段交付的知识产权的使用费，包括特许和商标使用费、研发成果使用费、复制或分销计算机软件许可费、复制或分销视听及相关产品许可费和其他知识产权使用费。

和 CPTPP 均包含电子商务章节，CPTPP 作为当今最高标准的区域自由贸易协定之一，在数字治理规则方面提出了更高的标准，体现了综合性 FTA 数字经济规则的演变趋势。

伴随着全球数字贸易快速发展，电子商务、数字知识产权、数字关税等规则议题，成为当前全球数字经济治理主要聚焦议题。双边、区域、诸边、多边贸易谈判中全球数字治理规则议题大致分为 7 类：电子商务与配套制度，为数字贸易开展提供必要协调和支持；数据管理与流动，是区域数字经济治理谈判中最基础、最核心的问题；数字贸易相关税收，对数字贸易开放与国际经济协调有着直接影响；知识产权与数字资产保护，主要解决数字贸易中的产权保护问题；市场开放与公平竞争，对国际市场竞争秩序进行了规定；数字治理与网络安全，对数字贸易衍生的治理问题进行规定；数字经贸发展合作，帮助落后国家发展数字贸易。

一、上海具有推进高标准数字贸易规则先行先试的政策基础

国际数字贸易国际规则呈现出区域化、碎片化和差序化的特点。数字贸易议题存在多种形式的治理机制，包括但不限于多边合作、区域合作、跨国与跨政府合作等模式。WTO、经济合作与发展组织、二十国集团等规定了多边层面上的数字贸易规则；双边区域贸易协定制定了针对数字贸易、电子商务、电信服务等规则；美国、法国等发达国家通过国内立法的方式对数字贸易活动进行规制。除此之外，在国际社会上，联合国贸易法委员会、海牙国际私法协会等，推行以

《联合国电子商务示范法》为代表的国际性"软法"。

在国际数字贸易规则碎片化趋势下，上海数字贸易发展的一系列规划，提供了数字贸易国际前沿规则的实践基础。上海具有推进数字贸易高质量对外开放的先发优势，2019年7月25日上海发布《上海市数字贸易发展行动方案（2019—2021年）》，作为我国首个发布的数字贸易发展行动方案，率先提出了打造上海"数字贸易国际枢纽港"的目标；为促进数字商务高质量发展，先后制定《全面推进上海数字商务高质量发展实施意见》《上海市推进商业数字化转型实施方案（2021—2023年）》；为共同打造数字长三角，先后推动实施《长江三角洲区域一体化发展规划纲要》和《关于加快虹桥商务区建设打造国际开放枢纽的实施方案》。

二、RCEP 等高标准数字贸易规则，提供了上海数字贸易规则创新深化的参考范本

RCEP 等高标准自贸协定相关数字条款，彰显中国数字贸易规则的主张和意志。目前对于数字贸易规则，国际上主要有三种代表性范本（见表44）：美国在《美墨加协定》和《日美数字贸易协定》中主张推进跨境数据自由流动、数据存储非强制本地化以及源代码保护等；欧盟在《日本—欧盟经济伙伴协定》中强调保护个人隐私、坚持文化和试听例外原则等；中国重视对国家安全和数字贸易发展的考虑，在数字贸易规则涵盖国家安全条款，包括含例外条款的跨境数据流动规则等等。

表 44　三种国际数字贸易规则范本的差异

核心议题	相关条款	美式模板	欧式模板	中国
数据的跨境传输与管理	跨境数据自由流动	✓	✓	✓
	计算设施非强制本地化	✓	✓	✓
	个人信息保护	✓	✓	✓
数字产品与服务	国际：数字传输免关税	✓	✓	✓
	国内：开征数字服务税	×	✓	未涉及
	给予数字产品非歧视待遇	✓	未涉及	未涉及
	将广播内容纳入非歧视待遇	✓	×	未涉及
数字知识产权保护	源代码非强制本地化	✓	✓	未涉及
	加密技术的保护条款	✓	未涉及	未涉及
	交互式计算机服务	✓	未涉及	未涉及
其他	在线消费者保护	✓	✓	✓
	无纸化贸易	✓	✓	✓
	电子认证、电子签名或数字证书	✓	✓	✓
	促进中小微企业电子商务发展	✓	✓	✓
	透明度	✓	✓	✓

　　数据来源：作者整理，"✓"表示经济体签订的协议中包含此条款或认可该项条款，"×"表示美式模板或欧式模板反对或不认可该项条款

　　RCEP 提供了数字贸易规则开放的"中国方案"和经验范本。美国是数字贸易自由的推动者，而我国以网络主权和数据主权为基础，强调国家对数字贸易活动的合法规制权，要求特定类型的数据存储应满足本地化要求，在数字贸易自由开放的基础上保留了例外条款，以保护数字贸易领域上的国家安全。就跨境数据流动规则，我国对于数据存储非强制本地化做出了承诺，但保留了例外并且在边境后设定了

监管要求；就数字知识产权保护规则，没有对源代码或算法保护和网络中介责任豁免做出承诺，但都规定"不得以公开技术为市场准入的前提条件"；就数字产品非歧视性待遇规则，对增值电信领域设置了外资股比限制；就数字税征收规则，我国认可免除边境上的数字税，但对边境后的数字税则要求"在税费符合限定要求的前提下，不得限制对电子传输征收税费"。

表45　RCEP中国相关数字贸易条款文本的规定

跨境数据流动规则	跨境数据自由流动	提倡就数据获取和流动进行合作；承诺跨境数据自由流动，但提出监管例外；在边境后设定了监管要求
	数据储存非强制本地化	在协定中承诺不强制要求将数据计算设施放置在本地，但保留通信安全、保密和公共政策目标等例外；在边境后设定了监管要求
数字知识产权保护规则	源代码或算法保护	未提及
	技术非强制转移	不得以公开技术为市场准入的前提条件
	网络中介责任豁免	未提及
数字产品非歧视性待遇规则	非歧视性待遇	增值电信领域设置外资股比限制；保留例外条款
数字税征收规则	边境上数字税	认可"电子传输免关税"提案
	边境后数字税	对于边境后数字税，在税费符合限定要求的前提下，不得限制对电子传输征收税费

三、上海国际数字贸易规则仍聚焦在电子商务和电信等传统领域

当前上海实行的国际数字贸易条款仍集中体现在电子商务和电信两个章节，高标准数字贸易规则显著缺失。涉及数字贸易规则协定

中，已有 RCEP、中国—澳大利亚、中国—韩国、中国—毛里求斯，相关数字贸易规则聚焦在传统贸易便利化、市场准入、关税与数字税、数据跨境流动、知识产权保护、可信赖的互联网环境和数字营商环境等方面。

在电子商务方面，主要通过鼓励无纸化贸易、保障电子认证和电子签名有效性、有限度的免征关税、消费者保护等条款，创造适宜电子商务发展的贸易便利化环境。在电信章节，主要通过保障互联互通、监管方法、竞争保障等条款，保障市场竞争的充分性和技术选择的灵活性，加强电信市场监管的法制化和规范化。

四、在数据跨境流动与知识产权等方面，数字贸易规则仍存在较大贸易壁垒

RCEP 及国际法中对数字贸易规则偏向于保守。出于国家安全考虑，CPTPP 数字贸易规则与我国法律制度之间存在潜在的规范差异。作为全球第一份数字贸易协定，DEPA 包括建立以人为本的人工智能框架、在电子商务领域实行替代性争端解决机制、设定网络安全条款等，缓解了日益严重的全球数字治理"碎片化"问题。在上海自贸区与上海国际贸易中心相关政策中，均出台了暂时免征数字税和促进数字贸易营商环境的贸易促进与便利化规则，但对跨境数据流动仍持谨慎态度。

在跨境数据自由流动方面，数字贸易跨境数据流动面临较高管制水平。当前上海数字贸易规则中存在缔约方较大的数据流动管制空间，管制水平仍然较高。体现中国数字贸易规则主张方面，出于对国

表 46　DEPA 的主要规则创新内容

所在模块	具体内容
模块 2：商业和贸易便利化	物流、电子发票、快运货物、电子支付
模块 7：数字身份	数字身份识别系统
模块 8：新兴趋势和技术	金融技术合作、人工智能、政府采购、竞争政策合作
模块 10：中小企业合作	加强数字贸易中小企业的贸易和投资机会、信息共享、数字中小企业对话
模块 11：数字包容性	妇女、农村人口、低收入社会经济群体和原住民参与数字贸易

数据来源：参见 DEPA

家安全的考量，相较 DEPA 在跨境数据自由流动的方面，RCEP 流动自由化水平较低。RCEP 添加了"基本安全利益"，更加侧重于保留缔约方的监管权限，在倡导数据跨境自由流动的同时，设置了"公共政策目标"与"基本安全利益"例外条款，但对该例外条款的范围和适用标准并未明确，因此存在适用上的不确定性。

在数据储存非强制本地化方面，仍然存在对数据存储的管制要求。RCEP 与 DEPA 均对数据存储非强制本地化进行了有约束力的承诺，但 RCEP 相较 DEPA 多出了"基本安全利益"的特定例外条款，也就是缔约方可以出于保障"基本安全利益"的目的对数据储存进行管制。就国内法而言，我国对在中国收集的重要数据和个人信息进行管制，对重要信息储存及出境问题也做出要求，国内法对数据储存非强制本地化做出了细节上的规定进行限制。

第四节　自贸区提升战略驱动上海国际数字贸易发展的主要措施

一、尝试出台跨境数字贸易负面清单，以高水平对外开放推进数字贸易发展

跟进全国版跨境服务贸易负面清单，针对性出台新片区跨境数字贸易负面清单。聚焦数字贸易重点领域，探索在临港新片区金融、电信等领域分层次取消或放宽服务贸易限制措施，做好压力测试，以加强在软件研发、生物医药、技术贸易、数字经济、文化、专业服务等领域国际合作，促进数字教育、数字出版、数字医疗等数字贸易提速发展。

推进数字贸易标准与国际接轨，带动教育、医疗等具有较大社会需求的数字服务业开放。以推动"数字丝绸之路"深入发展为契机搭建上海"数字贸易朋友圈"，与共建"一带一路"国家开展跨境数字基础设施建设合作，共建深化数字服务贸易市场化改革，降低数字服务业领域边境内市场壁垒，强化要素获取、经营运行、招投标等方面的公平竞争审查，营造更加透明、稳定、公平的营商环境。同时，进一步放宽法律、教育、知识产权等领域数字专业人才执业限制，促进跨境人才流动。

二、加快尝试临港新片区单独立法，推动高标准数字贸易规则压力测试

保障改革创新于法有据，依托自贸区加快高标准数字贸易规则的

实践。参照我国经济特区在法治、税制等方面的成功实践，建议提请全国人大授权所选定的试行 DEPA 规则的自贸区单独立法，推动临港新片区各项相关法律的单独立法，为试行 CPTPP 与 DEPA 的数字贸易规则等提供法律保障，为参与数字贸易国际谈判提供数字贸易规则的"中国范本"积累经验。

推动构建中国特色的数字贸易规则改革实践。在新片区具体的制度条款创新中，有必要对数字产品的非歧视待遇、源代码和算法、交互式计算机服务与平台免责、政府数据的公开、数字服务税、知识产权与数字资产保护、数字贸易争端解决等新议题和新条款，以及人工智能、金融科技等新技术的规则适应问题，作出通盘考虑、整体设计，为后续参与更大规模、更高水平的区域贸易协定创造条件，形成在全国推广、高度标准化自由化的数字贸易开放方案。

通过新片区立法与制度创新，明确高标准的全球数字贸易规则开放范围与开放程度。推进数字贸易领域的制度型开放，在明确自身规制利益的基础上对现有的高标准规则求同存异，对于接受难度较小的规则条款，确定开放的范围和开放的程度，考虑实现主动性开放的可能性；对于接受难度较大的条款，可以设定 5—10 年达到对接性开放的过渡期，释放明确的政策预期，以特殊政策突破现有体制的束缚。

三、完善数据跨境自由流动制度，探索实行数据分级分类制度

完善自贸试验区数据分类分级标准，推动实施商业领域数据跨境自由流动制度。可借鉴 1995 年欧盟数据保护指令等相关办法，将数

据的管理办法列入上海市立法工作计划，并制定配套的实施方案。针对数据确权、数据交易规则、数据跨境流动等关键问题出台上海地方法律法规细则，明确商业利用个人信息的合法方式，形成完备的个人信息商业利用制度闭环。合理利用"合法公共政策目标"以及"安全例外"等国际规则，在数据大规模流动、聚合和分析的过程中，将数据出境产生的安全风险维持在一种可接受可控制的范围内。

构建数据分级分类制度，探索灵活性数据出入境管制体系。对标国际高标准完善数据出入境事前、事后安全评估机制，多层次发力以建立一套全面规范的数据出入境监管体系。依照数据流动目的地的网络法治水平，以及数据流动目的地与我国的数据治理合作机制等因素，对不同的境外地区实施差别化的数据流动机制。参考 CPTPP 高标准数据贸易规则，在商业领域将数据自由流动作为基础原则，维护国家安全等合法理由作为国家规制的例外安排；在非商业领域将数据安全保障制度作为基础，而将数据流动作为例外规定。

四、加强数字贸易的智慧监管，构建数字贸易风险防控 和法律救济机制

完善数字贸易统计体系，打造上海数字贸易国际标准。通过融入全球数字贸易治理体系，代表国家参与制定跨境数字贸易的产业标准、隐私保护、数据跨境流动、知识产权保护等相关制度。同时，探索实施将跨境电商的统计数据分类标准纳入统计指标体系，探索跨境数字产品税收征收规则，完善跨境电商外汇管理。

完善多层次、全要素、整链条的监管架构，提升自贸区的数字化

治理水平。充分运用大数据、人工智能等技术手段，对自贸区数字贸易进行实时的风险评估和梯度管理，并制定联动处置应急预案。结合数字贸易的实际需求，对产品版权、防盗软件、源代码开放、数据流通、信息保护、数字交易、不正当竞争、保守商业秘密和数字化产品税收等行为设立详细而明确的规则。发挥长三角服务贸易一体化发展联盟作用，通过加强与长三角区域内省市政府、企业层面的合作，借助区域力量防范和化解数字贸易风险。

五、认真解读数据新法律制度，不断完善自贸区数字领域法律体系建设

持续关注相关数据新法出台后的执法趋势，畅通建立监管机构和法院之间合理的沟通机制。《中华人民共和国网络安全法》《中华人民共和国数据安全法》和《中华人民共和国个人信息保护法》共同确立了中国数据安全法律框架的重要组成部分。以相关数据法律为基础，探索实施自贸区相关数据法律的制度细化与完善措施。

以数据跨境流动全球规制为基础，尝试实施自贸区双轨多层次数据规制制度。贯彻实践数据跨境安全流动理念，推动完善数字法律体系，包括重要数据出境管理制度、个人信息跨境提供制度、司法执法跨境调取数据制度等。促进正当可控的数据跨境流动，基于风险关切进行类型化监管，统筹域内外法治推动制度兼容。推动构建自贸区兼容性规制框架，包括防范国家安全风险应厘清重要数据范围以明确"负面清单"，保护个人信息权益应健全跨境问责制以缓和事前监管压力，维护司法执法管辖应关注数据访问权而非依赖本地化存储。

六、完善数字治理法律建设，推进创新性数字治理规则落地

以 RCEP 为基础，完善数字治理法律建设。虽然 RCEP 中的数字贸易规则的开放程度不高，但它依旧是我国推进数字贸易自由化的里程碑。2022 年，RCEP 正式生效，我国国内有关数字贸易的政策法规也在 RCEP 数字贸易规则基础上基本完善，后续我国应加快《数据保护条例》《互联网信息服务办法》《电子商务法》《网络安全法》《数字技术标准规则》等法律法规的修订完善，并适当向高标准数字贸易规则贴近，为我国加入 CPTPP 和 DEPA 的谈判奠定基础。

明晰数据管辖权与开放范围、善用例外条款。目前高水平数字治理规则基本认同数据储存非强制本地化，一旦出现企业数据处理器在境外的情况，便难以确定数据管辖权，使数据泄漏风险大大增加。同时，对于部分协定要求公开政府数据的情况，我国也应做好数据确权工作，避免损害数据所有者的权利，并且应明确政府数据的开放范围以"可作为企业生产要素"的数据集为主。对于协定中为政府监管给出的例外条款，我国也应妥善利用，以便最大程度上保护国家的信息安全。

推进创新性数字治理规则在国内落地。在目前的数字治理领域内，DEPA 是唯一关注了新兴技术的协定，其对大量新兴技术、趋势的规定极有可能成为未来数字治理规则推进的范本。我国能否成功加入 DEPA 将极大影响我国日后在全球数字规则治理的地位，因此，我国应尽快推进创新性数字治理规则落地，参考 DEPA 中对电子支付系统、数据创新、人工智能、数字身份等条款的规定，并依照我国

在这些新兴领域的技术进展，出台相关数字治理规定，提高我国在数字贸易新兴领域的治理水平。

第五节　主要结论

一、上海国际数字贸易发展面临多重挑战和困境

上海国际数字贸易发展，面临企业数字化转型、核心竞争力培育以及数字产业链竞争力不足等系列挑战。首先，上海核心数字贸易出口呈现波动下降趋势，数字贸易产业链供应链研发与自主创新能力偏弱。其次，上海数字贸易企业面临跨境电子商务到全球数字贸易转型挑战，贸易生态系统更迭缓慢与数字信息闭环不完善，限制上海数字贸易企业转型升级。再次，中小企业普遍缺乏二次创业的心智，部分中小贸易企业"消极数字化、抗拒数字化"，缺乏独立数字贸易运行能力，阻碍数字贸易核心竞争力的培育。最后，知识密集型数字贸易结构性不均衡，核心数字贸易行业发展渗透率较低，对数字贸易能级提升形成制约，尤其数字贸易核心垄断定价能力弱，全球数字产业链竞争力不足。

全球数字贸易规则区域化、碎片化和差序化趋势，对上海数字贸易发展与核心竞争力提升形成挑战。首先，当前上海数字贸易发展"重数字企业、轻数字贸易规则"，数字贸易垄断定价能力弱，全球影响力数字平台型企业匮乏，数字贸易规则缺乏实践支撑。其次，数字贸易规则聚焦电子商务传统领域，新兴数字贸易规则偏向保守，

前沿数字贸易规则与配套机制探索尝试存在极大局限。再次，跨境数据规则存在数据本地化管制主权与个体权利的冲突，数据跨境流动等领域仍存在较大贸易壁垒，数字贸易规则尚未完成向"边境后"领域转变，国际规则话语权不足，尤其在数字知识产权和数字税等方面，"边境后"领域承诺力度存在不足。

二、对标高水平国际经贸规则，实践高标准数字贸易规则压力测试

积极通过对标高水平国际经贸规则，全面推进上海数字贸易突破式发展。第一，要加快尝试临港新片区单独立法，推动高标准数字贸易规则压力测试，构建中国特色的数字贸易规则改革实践。第二，完善数据跨境自由流动制度，探索实行数据分级分类制度，加强数字贸易的智慧监管，构建数字贸易风险防控和法律救济机制。第三，探索出台跨境数字贸易负面清单，推动数字贸易规则"边境后"领域条款创新，推进数字贸易标准与国际接轨，搭建上海"数字贸易朋友圈"。

第九章
主要结论与对策

第一节　研究结论

一、上海高水平对外开放呈现新特征新趋势

上海高水平对外开放在国际贸易、对外直接投资与制度开放等方面，均呈现显著新特征与新趋势。上海国际贸易规模始终保持增长态势，并由以加工贸易为主转向以一般贸易为主，数字贸易逐渐兴起并取得初步发展。上海外资企业及外商直接投资额长期保持增长趋势，但在沪外资占全国比重呈一定下降趋势。从上海金融开放进程来看，上海跨境人民币收付量持续高速增长，近年来稳居全国首位；从金融开放指标来看，上海金融开放宽度较高，但名义金融开放度与金融开放深度较低。

上海自贸区制度创新呈现新特征。上海自贸区制度创新具有实验性强、金融创新突出、贸易便利化领先、政府服务水平高等独特特

征。自贸区范围逐步扩大、金融改革和创新不断深化、市场准入和外资管理进一步放宽、贸易更趋便利化以及创新产业和科技驱动快速发展。

二、上海自贸区重点领域深化趋势显著提升

在数字贸易领域，上海自贸区数字贸易领域制度创新，聚焦跨境电商、商事制度、海关通关等方面，打造"数字贸易国际枢纽港"。在跨境电商方面，发展跨境数字贸易，鼓励设立国际配送平台。在商事制度方面，采用单一窗口"一口式"办理。在海关通关改革方面，提升企业通关效率。在检验检疫改革方面，上海自贸区创新"采信第三方"。

在金融开放领域，上海自贸区金融领域制度创新形成了"1+4"体系。"1"是创新有利于风险管理的账户体系，"4"是指探索投融资汇兑便利、扩大人民币跨境使用、稳步推进利率市场化与深化外汇管理改革，并适用目前现行有效的自贸区负面清单（上海 2020 年版），由 37 条减至 30 条。

在科技创新领域，对于科技创新领域深化的特征与趋势，上海自贸区以制度创新和金融改革来力促贸易的便利化，进而提升企业创新驱动力。一方面，针对科技创新人员从业自由，推动实施多项吸引海内外人才的大力举措。另一方面，针对科技创新基础设施和税收优惠，推动加快 5G、云计算、物联网等信息基础设施建设，实施境外人才个人所得税税负差额补贴政策。

在投资领域，上海自贸区投资领域探索实施负面清单制度、人民

币国际化等措施，推动资本跨境自由流动。一方面，自贸区实行外商直接投资准入前国民待遇加负面清单管理模式。上海自贸区外商准入的管理措施在全国具有示范意义，为外资在更多领域提供了自由权。另一方面，上海自贸区投资领域在外资注册、服务平台和货币兑换等方面，进行了制度深化创新。

在环境领域，上海自贸区环境领域创新改革措施侧重在实施源头减量、实行两证合一、优化环评管理、提升政府服务、加大环境基建、强化环保监管共六大类 11 项措施，服务自贸区高质量发展。自贸区实施方案和立法均明确提出了生态环境要求，在环境领域的制度创新主要包括加快绿色发展布局、推动生态环境管理制度改革创新、健全生态产品价值实现机制和加强生态环境科技创新四个方面的应用。在环境制度实施阶段，新片区管委会针对项目准入建立了产业项目落地前的三级审查流程。

三、高标准自贸区建设驱动上海外资研发中心集聚

上海外资研发中心撤离对创新链产业链存在显著冲击。上海外资研发中心撤离呈现一定扩大趋势，外资撤离现象有所增加，但并未发展为涉及全行业及影响经济整体运行的"撤资潮"。撤资外企主要以劳动密集型传统制造业为主，也有部分服务业外资企业撤离中国市场，总体呈现产业链低端结构性转移趋势。撤离外资的流向呈现二元化，以发达国家及东南亚国家为主要目的国。制造业转型背景下，部分地区外资撤离存在扩大趋势，可能会影响本地产业发展及就业稳定，有必要提前给予关注。

　　高标准自贸区建设驱动上海外资研发中心集聚。构建面向全球的高标准自贸区网络已经成为中国双循环战略的重要组成部分，高标准自贸区驱动上海引进高水平外资研发中心，鼓励建设外国投资者在上海设立研发中心成为推动研发赋能产业升级，促进上海经济转型发展。高标准自贸区建设促进贸易自由化，削减关税并降低成员国间的贸易成本，促进生产要素的跨国流动，进而对外资研发企业投资存在显著的促进效应。

四、上海国际数字贸易发展面临多重挑战

　　上海国际数字贸易发展，面临企业数字化转型、核心竞争力培育以及数字产业链竞争力不足等系列挑战。首先，上海核心数字贸易出口呈现波动下降趋势，数字贸易产业链供应链研发与自主创新能力偏弱。其次，上海数字贸易企业面临跨境电子商务到全球数字贸易转型挑战，贸易生态系统更迭缓慢与数字信息闭环不完善，限制上海数字贸易企业转型升级。再次，中小企业普遍缺乏二次创业的心智，部分中小贸易企业"消极数字化、抗拒数字化"，缺乏独立数字贸易运行能力，阻碍数字贸易核心竞争力的培育。此外，知识密集型数字贸易结构性不均衡，核心数字贸易行业发展渗透率较低，对数字贸易能级提升形成制约，尤其数字贸易核心垄断定价能力弱，全球数字产业链竞争力不足。

　　全球数字贸易规则区域化、碎片化和差序化趋势，对上海数字贸易发展与核心竞争力提升形成挑战。第一，当前上海数字贸易发展"重数字企业、轻数字贸易规则"，数字贸易垄断定价能力弱，全球影

响力数字平台型企业匮乏，数字贸易规则缺乏实践支撑。第二，数字贸易规则聚焦电子商务传统领域，新兴数字贸易规则偏向保守，前沿数字贸易规则与配套机制探索尝试存在极大局限。第三，跨境数据规则存在数据本地化管制主权与个体权利的冲突，数据跨境流动等领域仍存在较大贸易壁垒，数字贸易规则尚未完成向"边境后"领域的转变，国际规则话语权不足，尤其在数字知识产权和数字税等方面，"边境后"领域承诺力度存在不足。

第二节　研究对策

一、全面实施自贸区提升战略

赋予自贸区改革更大自主权，激发制度创新内生动力。加大对各部门相关事项的赋权强能，尽快解决自贸区制度创新法治不协调、权责不对等、管理不规范等问题。加强系统整体协同创新，放大制度创新赋能合力。以加强系统性、整体性、协同性为原则，打破部门职能分工界限，打通层级和部门壁垒，统筹各领域各部门资源要素和政策措施，强化信息共享和业务协同，高效率联动创新，避免出现制度创新"孤岛"现象。加强国际合作、拓展外部市场。注重产业发展领域创新，加快释放改革发展红利。上海自贸区还应基于优势特色产业，量身定制一揽子政策制度，建立健全向上争取（国家）、直接获取（省级）、自主推进（地方）的制度创新工作推进机制。

对标高标准国际经贸规则，率先推进制度型开放。加快出台和推广统一的自贸试验区跨境服务贸易负面清单，探索"既准入又准营"的服务贸易制度，推进服务业领域内外标准对接。持续深化海关特殊监管区域建设、跨境资本流动、国际商事仲裁、数字贸易等重点领域的制度创新。积极对标 RCEP、CPTPP、CAI、DEPA 等高标准国际经贸规则，切实加快自贸区制度型开放步伐。

二、加快构建面向全球高标准自贸区

加快推动中国高标准 FTA 的谈判升级，构建重点领域深化的中国范本。针对中国 FTA 数字贸易条款的深化战略，中国应加快数字服务贸易、电子商务等条款的深化拓展。针对金融开放领域，中国 FTA 战略深化应着重增强投资、知识产权和技术贸易壁垒等领域的条款细化，实现深度条款的垂直深化。在科技创新领域，要着重促进 FTA 创新要素条款垂直深化，全面提升跨境创新要素流动的制度保障。重视推进 FTA 投资深度条款的垂直深化，以高水平对外开放促进高质量对外直接投资。立足当前国情，推动中国 FTA 环境条款深化。具体来说，在环境议题章节，在概括性条款中积极明确多边环境协定关系，实体性条款提出我国可接受的环境条款设定标准，程序性条款积极构建比较完备的公众参与机制，并采用磋商、调解等软性手段解决争端。

三、着重推动上海自贸区重点领域深化

针对数字贸易领域，要注重推动相关制度的先行先试。继续推动

增值电信服务领域的开放，争取允许独资设立专业性数字服务平台等。建立规章基础上加快推进跨境数据流动的开放。此外，探索率先制定数据交易的地方性法规，促进企业间数据共享。

针对金融开放领域，要加快实施高水平金融开放措施。一是发展各类知识资金密集型服务业。二是加快实施高水平金融开放措施。借鉴国际先进经验研究制定"金融服务业全口径"市场开放的负面清单。吸引外资在新片区设立外商独资或中外合资银行、证券、保险、资产管理等各类金融机构，缩短审批时间，并尝试实行内外资金融机构一致管理。

针对科技创新领域，自贸区制度要注重深化专业服务开放，支持人员跨境流动。为推动更高水平对外开放，自贸区应在制度型开放中积极深化关于人员、资金及技术等方面条款，积极参与制定创新政策与技术转让规则。

针对投资领域，自贸区要注重推进投资深度条款的垂直深化，以高水平对外开放促进高质量对外直接投资。为增强投资领域的条款细化，不仅要重视投资深度条款覆盖范围的扩大，更要强调对某些存在漏洞的领域进行垂直深化，尤其要以投资便利化和投资自由化领域为重点，重点推进投资便利化制度架构及透明度、争端解决方案与磋商机制等创新实践拓展负面清单的范围和领域拓展。

后　记

百年大变局下，上海作为国内大循环的中心节点和国内国际双循环的战略链接、全国实施高水平对外开放的桥头堡与试验田，如何推动高水平对外开放成为重要的理论与现实课题。基于市哲社"二十大精神"专项课题以及决策咨询重点课题的系列思考，本书试图从自贸区提升战略进行破题，通过立足上海高水平对外开放的事实特征，聚焦"自贸区提升战略推进上海高水平对外开放"，全面阐释自贸区提升深化对上海高水平对外开放的多重复杂影响，构建完善自贸区提升战略的上海实践路径。

本书在理论研究与现实价值方面取得一定突破。在理论层面，本书基于制度规则差异挖掘自贸区的异质性，深度探究自贸区深化提升对推动上海高水平对外开放的复杂影响，进而从促进自贸区提升的视角来优化上海高水平对外开放规则的设计，为自贸区深化异质性与高水平对外开放的影响提供了更为全面的理论解释，弥补已有基于定性同质化指标所造成的研究结论的局限性。在现实层面，本书基于全球样本事实基础，探寻上海自贸区规则条款深化路径与实践策略，以此为构建面向全球高标准自贸区网络，推动高水平对外开放形成自贸区提升领域的上海实践，提供更为丰富的理论与经验证据。

本书相关研究成果取得了一定社会影响。相关研究成果获得民进中央参政议政成果奖二等奖，上海共青团调研奖一等奖。相关研究观点，在《解放日报》、《文汇报》、上海《宣传通讯》等报刊发表。

本书从规划、研究到出版，得到了上海市哲学社会科学规划办公室、上海市习近平新时代中国特色社会主义思想研究中心、华东师范大学经济学院的大力支持。衷心感谢华东师范大学经济学院院长殷德生教授，中国人民大学张杰教授、雷达教授等资深专家提出的宝贵建议。本书的出版还特别得益于上海人民出版社领导的关心和编辑的高效工作。

杨连星

于丽娃河畔

2023 年 5 月

图书在版编目(CIP)数据

开放新高地:上海自贸试验区提升战略/杨连星著
. —上海:上海人民出版社,2023
(上海智库报告)
ISBN 978 - 7 - 208 - 18483 - 1

Ⅰ.①开⋯　Ⅱ.①杨⋯　Ⅲ.①自由贸易区-经济发展
-研究-上海　Ⅳ.①F752.851

中国国家版本馆 CIP 数据核字(2023)第 152075 号

责任编辑　官兴林
封面设计　懂书文化

上海智库报告

开放新高地
——上海自贸试验区提升战略
杨连星　著

出　　版　上海人民出版社
　　　　　　(201101　上海市闵行区号景路 159 弄 C 座)
发　　行　上海人民出版社发行中心
印　　刷　上海新华印刷有限公司
开　　本　787×1092　1/16
印　　张　14.5
插　　页　2
字　　数　160,000
版　　次　2023 年 9 月第 1 版
印　　次　2023 年 9 月第 1 次印刷
ISBN 978 - 7 - 208 - 18483 - 1/F · 2835
定　　价　65.00 元